BIBLIOTHÈQUE

INSTRUCTIVE

Publiée avec approbation

de Monseigneur l'Évêque de Limoges.

—

GRAND IN-8°. — 2me SÉRIE.

LES

CROISADES

ET

LE PAYS LATIN DE JÉRUSALEM

PAR

A. DELAPORTE.

A quelque endroit que l'on frappe
on entend résonner un nom français
(J. F. MICHAUD.)

LIMOGES	PARIS
F. F. ARDANT FRÈRES,	F. F. ARDANT FRÈRES,
7, Avenue du Midi.	4, quai du Marché-Neuf.

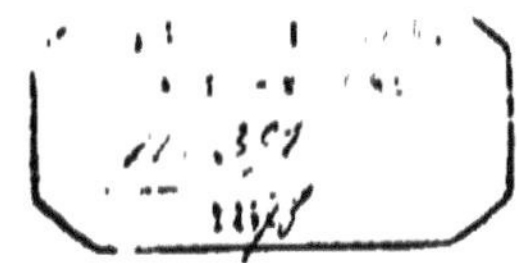

AVANT-PROPOS.

Les peuples comme les hommes ont leur jeunesse : époques d'enthousiasme et de courage, de poésie et de générosité, dont les actions, à défaut de prudence, sont marquées au coin d'une grandeur, d'un désintéressement et d'une spontanéité qu'on ne rencontre plus aux époques avancées de leur histoire.

L'œuvre de l'adolescence du monde chrétien, ce sont les Croisades, cette sublime folie qui porta si haut la gloire de l'Europe, et de la France en particulier, qu'un des annalistes de cette guerre ne craint pas d'intituler son histoire : GESTA DEI PER FRANCOS *(Exploits de Dieu par les Francs)*.

Au XIe siècle, la société chrétienne était loin d'être heureuse, matériellement parlant. Tous ces héros dont nous foulons les cendres, empereurs, rois, ducs, barons, seigneurs, clercs, abbés, moines, manants et serfs, gens étouffés dans cette immense et puissante machine qu'on appelait le pouvoir féodal, n'étaient ni riches, ni libres, ni en sûreté. La guerre ne laissait ni repos ni trêve. La famine montrait périodiquement son spectre livide. La barbarie des mœurs faisait le reste. Mais, au milieu de toutes ces ténèbres, la foi chrétienne projetait d'ardents rayons. Comme un arbre vigoureux qui, au printemps, pousse des tiges nouvelles et se couvre de fleurs fécondes, la civilisation, née de l'Evangile, chaque jour grandissant malgré les obstacles, répandait autour d'elle les trésors de ses consolations et de ses espérances. Si les rois étaient cruels, si les barons étaient pillards, si les juges étaient iniques, si le pain manquait souvent à la table du pauvre, en revanche l'Eglise, tutrice naturelle des opprimés, ne leur épargnait point sa protection toute-puissante; et quand la voix des papes s'élevait pour châtier les rois, les rois humiliés déposaient leurs couronnes et courbaient la tête.

D'autre part, l'imagination des peuples avait été frappée de l'idée de cette période de mille ans qui venait de s'écouler. On attendait partout la fin du monde. Tout devenait un présage. Des miracles avaient éclaté dans les monastères, des apparitions avaient épouvanté les prêtres dans les églises. L'impression de ces choses extraordinaires, jointe au malheur des temps, disposait aisément les âmes à un besoin inconnu de pénitence, et l'usage des pèlerinages en Terre-Sainte, qui n'avait jamais été interrompu depuis les premiers âges du christianisme, prit tout-à-coup, dans ce siècle, un développement prodigieux. C'était une expiation naturelle des grands péchés et des grands désordres, beaucoup plus en harmonie avec le caractère actif des chrétiens batailleurs de ce temps, que le moindre effort sur leurs passions. Un pèlerinage, c'était l'inconnu, c'était l'Orient avec ses merveilles, avec ses richesses; c'était le voyage avec ses péripéties, avec ses dangers; c'était presque la guerre.

Depuis l'an mille on ne voyageait plus isolément, pieds nus, en mendiant son pain, mais de véritables caravanes prenaient chaque année la route de Jérusalem pour aller implorer le pardon de leurs fautes aux lieux consacrés par les grands mystères de la religion. Parmi les plus célèbres pénitents on cite le comte d'Anjou, Foulque-Nerra, qui avait à expier le meurtre de son frère; saint Bononieu, saint Théodoric, saint Uldaric, saint Gérald, saint Gauthier de Limoges, sainte Hélène de Suède, Raymond du Palmier, qui a écrit son voyage; Richard, abbé de Saint-Victor; Gervais, abbé de Saint-Riquier; Robert le Frison, comte de Flandre; Bérenger, comte de Barcelone; Robert le Diable, duc de Normandie, qui mourut en route, à Nicée, après avoir ébloui la cour de Byzance par ses prodigalités; Litbert, évêque de Cambrai, qui n'emmena pas avec lui moins de trois mille compagnons; l'archevêque de Mayence qui en emmena sept mille, tous riches, et déployant une si grande pompe qu'ils « attiraient les larrons à la proie, » dit leurs historiens.

On partait pour l'Orient comme pour une partie de plaisir, avec ses gens, ses chevaux, ses armes. La route était longue, les privations nombreuses; mais Jérusalem était au bout, et ce nom magique suffisait pour rendre le courage. Toutes les tribulations du voyage eussent été comptées pour rien si, après avoir échappé à mille chances de mort et traversé maintes contrées ennemies, les pèlerins qui arrivaient enfin aux portes de la ville sainte eussent pu y pénétrer librement. Mais il n'en était point ainsi : nul chrétien ne pouvait entrer dans Jérusalem sans payer une pièce d'or par tête, à titre de tribut, aux musulmans qui l'occupaient. Ayant tout perdu en chemin, et n'étant parvenus qu'à grand'peine à sauver leurs corps, il arrivait souvent que les fidèles n'avaient plus de quoi acquitter cet impôt. Il leur fallait bivouaquer en dehors des murs, attendant que quelque riche pélerin payât pour eux (1).

(1) Guillaume de Tyr. *Histoire des Croisades*, trad. H. Martin.

Pour comble de maux, les monuments sacrés, reparés et conservés avec des difficultés extrêmes, étaient chaque jour en butte à de violents outrages. Pendant le service divin, les infidèles entrant avec des cris furieux, venaient s'asseoir jusque sur les autels, sans faire la moindre différence d'une place à une autre. Ils renversaient les calices, foulaient aux pieds les vases sacrés, brisaient les marbres, accablaient le clergé d'insultes et de coups. Le patriarche de Jérusalem était lui-même traité par eux comme une personne vile et abjecte. Ils le saisissaient par les cheveux ou par la barbe, le précipitaient du haut de son siége et le traînaient par terre, sans autre motif que le désir d'affliger le peuple par les souffrances de son pasteur.

Si c'est avec justice que nous, français du XIXe siècle, avons fait la conquête d'Alger, parce que les deys de la Régence insultaient nos commerçants, si nous avons eu le droit d'entreprendre les expéditions récentes de Chine et de Syrie, parce qu'on y maltraitait nos coreligionnaires, qui osera blâmer nos aïeux d'avoir accompli les Croisades? Pourquoi des sujets de Philippe Ier, sortis de France, n'auraient-ils pas fait le tour de l'Asie pour se venger des sectateurs de Mahomet jusque dans Jérusalem, lorsque ceux-ci n'avaient point craint de faire le tour de l'Afrique pour fondre sur la Sicile, l'Espagne et la France même? N'apercevoir dans ce grand mouvement de peuples que des pèlerins armés qui courent délivrer un tombeau en Palestine, c'est montrer une vue très bornée en histoire. Il s'agissait non-seulement de la délivrance de ce tombeau, mais encore de savoir qui devait l'emporter sur la terre, ou d'un culte ennemi de la civilisation, favorable par système à l'ignorance, au despotisme, à l'esclavage, ou d'un culte qui a fait revivre chez les modernes le génie de la docte antiquité et aboli la servitude. Il suffit de lire les discours qui furent prononcés au concile de Clermont pour se convaincre que les chefs de ces entreprises guerrières n'avaient pas les petites idées qu'on leur suppose, et qu'ils pensaient à sauver le monde d'une inondation de nouveaux Barbares (1).

Quant aux autres résultats des Croisades, on commence à convenir que ces entreprises guerrières ont été favorables au progrès des lettres et de la civilisation. J'ajouterai qu'il ne faut pas, dans ces calculs, omettre la renommée que les armes européennes ont obtenue dans les expéditions d'outre-mer. Le temps de ces expéditions est le temps héroïque de notre histoire. Tout ce qui répand du merveilleux sur une nation est respectable ; on voudrait en vain se dissimuler que le bonheur de l'humanité ne se compose pas absolument de chiffres ; il y a quelque chose dans notre cœur qui nous fait aimer la gloire, et le sang des héros qui coule dans nos veines ne nous laissera jamais indifférents au récit des exploits et des grandes actions qui ont illustré leur vie.

(1) Châteaubriand. *Itinéraire de Paris à Jérusalem.*

PREMIÈRE CROISADE

Publiée par le Pape Urbain II, prêchée par Pierre l'Hermite (1095).

Formation de plusieurs grands corps d'armée. — Camp de Constantinople. — Conquête de Nicée. — Conquête d'Antioche. — Prise de Jérusalem. — Godefroy de Bouillon. — Baudoin I. — Baudoin II. — Foulque. — Baudoin III.

1. L'idée de la première croisade est due à un ermite obscur, du nom de Pierre, français d'origine (1), esprit actif et inquiet, qui, après avoir cherché tour à tour,

(1) Pierre était originaire de Picardie. Selon l'historien Orderic Vital son nom de famille était de Achéris; selon Guillaume de Tyr, son père se nommait l'Hermite. Plusieurs familles encore existantes prétendent à sa parenté. L'une d'elles habite en Limousin.

dans toutes les conditions de la vie, l'étude des lettres, le métier des armes, le célibat, le mariage, l'état ecclésiastique, un bonheur qui pût remplir son cœur et satisfaire son âme ardente, avait fini par quitter sa retraite et poursuivre en Asie une de ces tumultueuses caravanes qui chaque année partaient de l'Occident vers Jérusalem pour se prosterner au pied de la croix du Calvaire, la source éternelle de toute grâce et de toute consolation.

Pierre avait été présenté par un ami au patriarche Siméon. Celui-ci, reconnaissant au langage du pèlerin que c'était un homme de prudence, expérimenté dans les choses de ce monde, s'ouvrit à lui sans réserve, et lui exposa toutes les calamités qui pesaient sur les serviteurs de Dieu dans la cité sainte. — Eh quoi! dit Pierre en versant des larmes de compassion fraternelle, n'est-il aucune voix de salut pour échapper à de telles misères? — Si votre peuple, répondit le patriarche, voulait prendre pitié de nos maux, nous garderions encore quelque espérance d'en voir prochainement le terme, car l'empire grec, quoiqu'il soit beaucoup plus rapproché de nous, ne peut nous offrir ni ressources ni consolations. — Sachez, saint-père (1), répliqua l'ermite, que si l'Eglise romaine et les princes d'Occident apprenaient par un homme digne de foi l'excès de vos souffrances, ils tenteraient certainement d'y porter remède par les paroles et par les œuvres. Ecrivez donc promptement au seigneur pape, aux rois et aux princes de l'Occident, et à votre témoignage écrit ajoutez l'autorité de votre sceau. Moi, je ne refuse point de m'imposer une tâche pour le salut de mon âme. Avec l'aide de Dieu, je suis prêt à les aller trouver tous, à les solliciter, à leur dépeindre ardemment l'immensité de vos douleurs, et à les prier, chacun en particulier, de hâter le jour de votre délivrance (2).

(1) A cette époque ce nom était donné à tous les évêques.
(2) Guillaume de Tyr. *Hist. des Croisades*, trad. H. Martin.

Peu après cet entretien, un jour que l'ermite Pierre songeait avec inquiétude à son retour en Europe et à la mission qu'il s'était imposée, il entra dans l'église de la Résurrection. La nuit étant survenue, fatigué de ses oraisons et de ses longues veilles, il s'étendit sur le pavé de la nef et s'abandonna au sommeil qui l'accablait. Tandis qu'il dormait, voici qu'il lui sembla que N.-S. Jésus-Christ était devant lui et lui disait : « Debout, Pierre, et hâte-toi ! exécute avec courage ce qui t'a été prescrit : je serai avec toi, car il est temps de purger les lieux saints et de secourir mes serviteurs. » Pierre se leva fortifié par cette vision de Dieu, et, suivant l'ordre d'en-haut, après avoir pris congé du patriarche, il s'embarqua sur un navire marchand, gagna Rome, et remplit sa mission auprès du pape Urbain II avec autant de fidélité que de prudence.

Le souverain Pontife accueillit favorablement l'ermite pèlerin; et considérant quel avantage et quelle gloire résulterait d'une croisade pour la chrétienté en général, si elle était couronnée de succès, il lui fit des promesses qu'il ne devait pas tarder à remplir.

Après cette entrevue, Pierre, embrasé du zèle divin, se mit en route pour accomplir sa mission. » Il traversa l'Italie, passa les Alpes, parcourut la France et la plus grande partie de l'Europe, communiquant à tous les cœurs le zèle dont il était dévoré. Il voyageait monté sur une mule, un crucifix à la main, les pieds nus, la tête découverte, le corps ceint d'une grosse corde, vêtu d'un manteau d'ermite de l'étoffe la plus grossière. La singularité de ses vêtements était un spectacle pour le peuple. L'austérité de ses mœurs le faisait révérer comme un saint Son éloquence était vive et emportée, remplie d'apostrophes véhémentes qui entraînaient la multitude. Il rappelait la profanation des saints lieux et le sang des chrétiens versé par torrents dans les rues de Jérusalem; il invoquait tour à tour le ciel, les saints, les anges, qu'il prenait témoin de la vérité de ses récits. Quand il ne trouvait plus de paroles, il élevait en l'air son crucifix en se meurtrissant la poitrine, et les grands comme les petits se sentaient transportés d'enthousiasme(1). »

Au milieu de cette agitation générale, Urbain II, pour ne pas laisser au zèle le temps de se refroidir, convoqua un concile général à Clermont d'Auvergne, pour l'Octave de la Saint-Martin d'hiver (18 novembre 1095). Il était annoncé que l'affaire de la croisade serait discutée et résolue. Quatorze archevêques, deux cent vingt-cinq évêques, et plus de quatre-vingt-dix abbés ayant droit de porter la crosse formèrent cette imposante assemblée. Plusieurs milliers de chevaliers et une multitude immense de peuple emcombraient les collines qui entourent Clermont, et passèrent sept jours sous la tente en attendant que le concile eût terminé ses délibérations préalables (2).

Après avoir, de l'avis des prélats et des hommes craignant Dieu, arrêté les décisions les plus propres à édifier les mœurs et à réformer les énormes délits qui souillaient l'Eglise; après avoir prescrit à tous les chrétiens la plus stricte observation de la *Trêve de Dieu*, trop souvent foulée aux pieds, Urbain sortit sur une place spacieuse, car aucun édifice n'aurait pu contenir ceux qui s'étaient assemblés pour l'entendre.

« Guerriers qui m'écoutez, leur dit-il, vous qui cherchez sans cesse de vains prétextes de guerre légitime : le moment est venu de montrer si vous êtes animés d'un vrai courage : le moment est venu d'expier tant de violences commises au sein de la paix, tant de victoires souillées par l'injustice. Vous qui fûtes si souvent la terreur de vos concitoyens, et qui vendez pour un vil salaire vos bras aux fureurs d'autrui, armés du glaive des Machabées,

(1) Michaud, *Histoires des Croisades*.
(2) Ordoric Vital. *Chronique*, liv. IX.

allez défendre la maison d'Israël, la vigne du Dieu des armées. Il ne s'agit plus de venger les injures des hommes, mais celles de la divinité; il ne s'agit plus de l'attaque d'une ville ou d'un château, mais de la conquête des lieux saints. Si vous triomphez, les bénédictions du ciel et les royaumes de l'Asie seront votre partage ; si vous succombez, vous aurez la gloire de mourir aux mêmes lieux que Jésus-Christ, et Dieu n'oubliera point qu'il vous aura vus dans sa milice sainte. Que de lâches affections, que des sentiments profanes ne vous retiennent point dans vos foyers ; soldats du Dieu vivant, n'écoutez plus que les gémissements de Sion ; brisez tous les liens de la terre, et souvenez-vous de ce qu'a dit le Seigneur : « *Celui qui aime son père ou sa mère plus que moi, n'est pas digne de moi ; quiconque abandonnera sa maison, ou son père, ou sa mère, ou sa femme, ou ses enfants, ou son héritage pour mon nom, sera récompensé au centuple et possèdera la vie éternelle.* »

Ce discours du pontife, dit l'historien Michaud, pénétrait, embrasait tous les cœurs, et ressemblait à la flamme ardente descendue du ciel. L'assemblée des fidèles, entraînée par un enthousiasme que jamais l'éloquence humaine n'avait inspiré, se leva tout entière et fit entendre ces mots : *Dieu le veut ! Dieu le veut !* Ce cri unanime fut répété à plusieurs reprises. Adhémar de Monteil, évêque du Puy, demanda le premier à entrer dans la *voie de Dieu* et prit la croix des mains du pape ; plusieurs évêques suivirent son exemple. On se mit à distribuer au peuple et aux seigneurs d'autres croix de drap rouge que chacun attachait sur sa poitrine en témoignage de son serment. Ils prirent dès lors le nom de *Croisés*, et le nom de *Croisade* fut donné à la guerre qu'ils allaient entreprendre.

—

II. Quand le concile se fut séparé, les évêques se mirent

avec empressement à répandre dans leurs diocèses la parole de vie telle qu'ils l'avaient reçue. Le pape lui-même demeura huit ou neuf mois en-deçà des Alpes pour achever un ouvrage si heureusement commencé (1). L'ébranlement fut général. En un clin-d'œil il gagna l'Europe entière. L'Angleterre, à peine remise des troubles de la conquête de Guillaume-le-Conquérant, entra dans la ligue sainte; l'Allemagne et l'Italie l'imitèrent, et l'Espagne, qui elle-même en guerre avec les Sarrasins, maîtres d'une partie de la péninsule, crut devoir s'associer à ce mouvement général.

Le premier prince qui prit la croix fut le puissant comte de Toulouse, Raymond de Saint-Gilles; bientôt après Hugues-le-Grand, comte de Vermandois, Robert Courte-Heure, duc de Normandie, Robert, comte de Flandre, Etienne, comte de Blois, Godefroy de Bouillon, duc de la Basse-Lorraine, avec ses frères Beaudoin et Eustache, Gaston de Foix, Gérard de Roussillon, Raimbaud d'Orange, Alain Fergent, duc de Bretagne, Roger, duc de Pouille, Bohemon, prince de Tarente, et des milliers d'autres, quittèrent leurs donjons au milieu de leurs vassaux assemblés. Les rois presque seuls résistèrent à l'entraînement universel.

Plus de six cent mille personnes avaient, dit-on, pris la croix avant le printemps de 1096, et le mouvement grandissait toujours. Toute la société féodale était en révolution. Les seigneurs, pour faire de l'argent, vendaient leurs fiefs à vil prix; les serfs brisaient les chaînes qui les attachaient à la glèbe et se réunissaient par troupes sans que personne songeât à les retenir. On ne voyait pas une seule maison en repos : ici le père de famille, là le fils, ailleurs tous les habitants du logis, dit Guillaume de Tyr.

(1) Urbain prêcha successivement à Saint-Flour, à Aurillac, à Uzerche, à Limoges, à Poitiers, à Angers, à Tours, à Rouen, à Nîmes, etc.

historien contemporain, se disposaient à entreprendre le grand voyage. Le mari s'apprêtait à quitter sa femme, le père ses fils, le fils ses parents ; aucun lien d'amour n'était assez fort pour résister à ce zèle ardent : les moines même sortaient en foule de leurs cloîtres. De tous côtés on s'envoyait mutuellement des messages : ceux qui devaient faire route ensemble s'invitaient réciproquement à se hâter; ceux qui étaient désignés comme chefs de bandes convoquaient leurs compagnons. Il eût été impossible que tant de milliers de voyageurs, entassés en un seul corps d'armée, trouvassent ce qui était nécessaire pour alimenter leur multitude. On convînt donc que les seigneurs les plus considérables guideraient chacun séparément les légions qu'ils avaient à leur suite, et prendraient des chemins divers. Le rendez-vous général fut fixé sous les murs de Constantinople.

Le 8 mars 1096, une première colonne de croisés lorrains, au nombre de trente mille environ, se met en marche, sous les ordres d'un certain Gauthier, chevalier bourguignon, plein de force sous les armes, mais si pauvre, qu'on le nommait communément *Gauthier-sans-Avoir.* Pierre l'Hermite le suivit de près avec une cohue de quarante mille hommes de races et de langues diverses; un autre corps, de quinze mille pèlerins allemands, commandé par un prêtre du nom de Gottschalk, se mit également en route dans la même année; mais toutes ces hordes, sans argent et sans discipline, ne tardèrent pas à être décimées dans la route par les Hongrois et les Bulgares, dont en passant ils ravageaient les moissons et pillaient les villages. Ce qui, de leurs bandes, arriva à Constantinople, chercha vainement à pousser plus loin : quoique leur nombre fût de près de cent mille, ils n'eurent pas plutôt traversé le Bosphore et passé sur la côte d'Asie, qu'ils furent entièrement dispersés par les Turcs qui occupaient la contrée. « Dès lors tout le monde put voir que l'apôtre passionné de la guerre sainte n'avait rien de ce qu'il fallait pour en être le chef. Le sang-froid, la prudence, la fermeté pouvaient seuls conduire une multitude que tant de passions faisaient agir. A dater de ce moment, celui dont l'éloquence avait préparé les grands événements de la croisade ne joua plus qu'un rôle obscur et dans la suite il fut à peine aperçu au milieu d'une guerre qui était son ouvrage.

Ces premières nuées d'hommes faciles à dissiper n'étaient que l'annonce de l'orage qui devaient fondre sur l'Asie. La vraie force militaire du moyen-âge, la chevalerie, se réunissait de toutes parts. Quatre grands corps d'armée s'étaient formés : le premier dans les deux Lorraines, le second entre l'Escaut et la Loire, le troisième entre la Loire et les Pyrénées, le quatrième dans l'Italie méridionale (1).

L'armée du nord, dont le commandement appartenait à Godefroy de Bouillon, prit, le 15 août 1096, la route qu'avaient ouverte les premières bandes, celle d'Allemagne et de Hongrie.

Il ne conduisait pas moins de quatre-vingt mille personnes, tant à pied qu'à cheval. Ses bandes n'eurent point à redouter, durant la route, les avanies qui avaient détruit les premières cohues. Il est vrai que la plus sévère discipline régnait parmi ses gens, et que le moindre pillage était rigoureusement interdit. L'armée arriva presque sans encombre à Constantinople.

Celle du centre était conduite par Hugues de Vermandois, frère du roi de France. Elle n'était guère moins nombreuse que la précédente. Elle prit sa route, peu de

(1) H. Martin. *Histoire de France.* — Bien que nous ne citons que rarement cet auteur, nous devons faire remarquer que nous sommes loin d'approuver ses omissions malveillantes et ses nombreuses erreurs à propos de la religion.

jours après le départ de Godefroy, par les Alpes et l'Italie. A Luques, le pape leur remit l'étendard de l'Eglise. Ils visitèrent Rome et les tombeaux des Saints Apôtres, et poursuivirent leur marche vers la Pouille, où ils désiraient s'embarquer. Mais lorsqu'ils arrivèrent à Bari, l'hiver commençait à rendre la navigation dangereuse, ils furent forcés d'attendre plusieurs mois le moment favorable. On les embarqua enfin, mais une tempête brisa leurs navires, les dispersa, et le comte de Vermandois, jeté sur les côtes de l'Epire, fut mené prisonnier à Constantinople, par les ordres de l'empereur Alexis qui espérait que le frère du roi de France deviendrait entre ses mains un ôtage qui le mettrait à l'abri des entreprises des Latins. Il ne fallut rien moins que toute l'énergie de Godefroy de Bouillon pour tirer son ami de ce mauvais pas.

L'armée du midi reconnaissait pour chef Raymond de Saint-Gilles, qui avait eu la gloire de combattre en Espagne à côté du Cid. Sa troupe, au départ, était de cent mille hommes ; mais la route de terre, qu'il prit par les Alpes, la Lombardie, le Frioul, la Dalmatie, la Servie et la Macédoine qui lui donna beaucoup plus à souffrir que les autres. Engagé au milieu de l'hiver dans les forêts et des montagnes inconnues, il eut à supporter des périls sans nombre. Le légat du pape, Adhémar, évêque du Puy, qui l'accompagnait, fut même un instant prisonnier des sauvages Dalmates. Il n'arriva au Bosphore qu'au mois d'avril 1097.

La quatrième armée, celle de l'Italie méridionale, quoique partie la dernière, était déjà arrivée. Bohemond, qui la commandait, s'était reposé à Durazzo, et s'ouvrant une route à travers la Macédoine, il arriva au rendez-vous malgré les embûches de l'empereur de Constantinople, son ennemi particulier.

III. Au mois de mai de cette grande année 1097, les arrivages étaient à peu près terminés, et l'armée latine, qui ne comptait guère moins de six cent mille hommes, campait sous les murs de Constantinople. L'empereur Alexis Comnène, qui si souvent avait inondé l'Europe de ses lettres pour solliciter des secours des chrétiens contre les musulmans qui se tenaient sans cesse prêts à l'attaquer sur l'autre rive du Bosphore, était lui-même effrayé du nombre immense de ses défenseurs. Sa fille Anne, qui a écrit l'histoire de son temps, s'écrie, pleine de terreur, que cette multitude dépasse le nombre des étoiles du firmament et des grains de sable qui couvrent le rivage de la mer.

Le fait est que ce n'était point une petite besogne de maintenir le bon ordre dans toute cette foule de gens venus de pays si divers, si imprévoyants de l'avenir, si dénués d'approvisionnements, si impatients de combattre, et si avides de butin. Pendant plus de quatre mois que dura leur campement, l'empereur Alexis, prince faible, mais souple et rusé dut déployer des prodiges de politique astucieuse pour n'être pas cent fois dévoré par ces gênants auxiliaires (1). Il fut cependant assez heureux pour se faire promettre par Godefroy, Raymond et Bohemond, l'hommage des pays qu'ils soumettraient; et ayant obtenu d'eux ce qu'il désirait, il s'empressa de les lancer sur la rive asiatique du Bosphore.

L'Asie-Mineure avait pour maîtres les Turcs seldjoucides, qui l'avaient envahie depuis dix ans seulement. Leur

(1) Au rapport des historiens, c'est dans ce camp du Bosphore que pour mettre un peu d'ordre au milieu de cette immense cohue, et permettre à chacun de retrouver sa tente et ses compagnons, les seigneurs chefs de bandes ou de portions de bandes inventèrent les armoiries qu'ils firent peindre sur leurs banières et sur leurs armes. Après la croisade chaque famille dut tenir à honneur de conserver l'écusson de ses ancêtres, et peu à peu cette marque de distinction devint le privilége exclusif de la noblesse.

empire s'étendait depuis le Pont-Euxin jusqu'à l'Egypte. Cette peuplade était la plus barbare des nations musulmanes : elle ne connaissait d'autres occupations que la guerre et d'autre richesse que le butin. Son chef, David, surnommé *Kilidj-Arslan,* ou *l'Epée du Lion,* était fils de Soliman, dont le nom répandait la terreur dans tout l'Orient. C'était un prince plein d'énergie et de ressources. Il n'avait pas plutôt appris les desseins des croisés, qu'à sa voix les plus courageux défenseurs de l'islamisme étaient accourus de toutes les provinces voisines.

—

IV. L'armée de la croix, réunie à Chalcédoine, commença son mouvement sans s'effrayer. Elle campa successivement à Nicomédie *(Ismid),* à Hélénopolis *(Hersek),* et ne tarda pas à apercevoir les murs de Nicée *(Isnid),* ville très importante, qu'il était urgent de réduire ayant de pousser plus loin. Sur cette route les pèlerins trouvaient à chaque pas des monceaux d'ossements et des débris d'armures : c'était la trace du passage de Pierre l'Hermite et de ses compagnons. Mais on était aux premiers beaux jours de l'été, les campagnes étaient couvertes de verdure et de moissons, l'harmonie régnait entre les chefs; les soldats étaient pleins d'ardeur; tout faisait présager aux croisés que Dieu bénirait leurs armes, et qu'ils seraient plus heureux que leurs devanciers.

Nicée, au dire de Guillaume de Tyr, était une ville admirablement fortifiée. Son enceinte n'avait pas moins d'une lieue et demie de circonférence ; elle était défendue par une triple enceinte de tours rapprochées, et toujours à même de renouveler ses approvisionnements par sa communication avec le lac Ascanius.

Le siége commença le 15 mai. Pendant les premières semaines, il y eut entre les chrétiens et les assiégés plusieurs combats dans lesquels on répandit beaucoup de sang sans amener aucun résultat. Le sultan Kilidj-Arslan, campé dans les montagnes voisines, étant accouru à son tour, avec quarante mille hommes, pour porter secours aux siens, il fut repoussé si vigoureusement dans deux combats consécutifs, qu'il dut renoncer à les soutenir. Cependant la garnison ne perdait pas courage (1). Il fallut, pour la déterminer à capituler, que les chrétiens allassent chercher au bord de la mer des barques grecques qu'ils traînèrent l'espace de sept milles pour les mettre à flot sur le lac Ascanius. Cette tactique, qui coupait les vivres à la ville, la força de se rendre. Il est vrai que, grâce à l'adresse des agents de l'empereur Alexis, ce fut à lui et non aux princes latins qu'elle fit sa soumission ; mais ceux-ci lui avaient promis de le rétablir dans les anciennes provinces de son empire ; ils se contentèrent de piller un peu et poursuivirent leur route (29 juin).

V. On était à la fin du mois de juin. La difficulté de se procurer des vivres détermina les chefs à se partager en plusieurs corps qui marcheraient, par des routes différentes, sur Antioche, autre place de la plus grande impor-

(1) Dans un des assauts que livraient les soldats de Godefroy, un musulman, que l'histoire nous représente comme un guerrier d'une taille et d'une force extraordinaires, s'était fait remarquer par des prodiges de bravoure ; il ne cessait de défier les chrétiens, et quoique son corps fût couvert de flèches, rien ne pouvait ralentir son ardeur. A la fin, comme s'il eût voulu montrer qu'il n'avait rien à craindre, le guerrier musulman jette loin de lui son bouclier, découvre sa poitrine, et se met à lancer d'énormes quartiers de roc sur les croisés pressés au pied de la muraille. Les pèlerins effrayés tombaient sous ses coups sans pouvoir se défendre. Alors le duc de Bouillon s'avance armé d'une arbalète et précédé de deux écuyers qui tenaient leurs boucliers élevés devant lui. Bientôt un trait est décoché d'une main vigoureuse, et le guerrier, blessé au cœur, tombe sans vie sur la muraille, à la vue de tous les croisés qui applaudissent à l'adresse et à la valeur de Godefroy. (Michaud. *Histoire des Croisades.*)

tance. Dès le troisième jour de marche, Kilidj-Arslan tenta, dans la vallée de Gorgonie, sur les troupes de Bohemond et de Tancrède, une attaque qui devait les détruire ; mais le secours inopiné de Godefroy et d'Hugues de Vermandois brisa tellement ses espérances, que, hors d'état de défendre le reste de ses provinces, il se mit lui-même à dévaliser le pays que les croisés devaient parcourir, et quitta l'Asie-Mineure pour aller solliciter le secours des autres princes turcs et arabes ses voisins.

Les croisés s'avancèrent donc librement dans les provinces centrales de l'Asie-Mineure ; mais ils se virent bientôt en proie à un nouvel ennemi mille fois plus terrible que les turcs. Ils ne trouvèrent devant eux que des campagnes désertes, et n'eurent bientôt pour subsister que les racines des plantes sauvages et les épis de blé échappés au feu des ennemis. Le manque d'eau et de fourrage fit périr la plupart des chevaux de l'armée. L'ardeur du soleil coûta la vie à une multitude d'enfants et de femmes. Les pèlerins souffrirent tellement de la soif, que plus de cinq cents périrent dans un seul jour. On trouva enfin de l'eau, et, dans le délire qu'occasionna cette découverte, l'armée se précipita sur la trace des chiens auxquels on la devait, avec tant de désordre, que trois cents des premiers arrivés moururent pour en avoir trop bu. Les souffrances des croisés ne furent suspendues qu'à leur arrivée devant Antiqdhette *(Akcher)*, capitale de la Pisidie, qui leur ouvrit ses portes, et où ils trouvèrent des bois et des prairies fertiles pour se reposer (1).

(1) Pendant cette halte, Godefroy fut le héros d'une autre aventure fort célèbre. Un jour qu'il se promenait seul, au fond d'une forêt, il fut attiré par les cris d'un pauvre pèlerin qui fuyait devant un ours énorme. Le duc lutta corps a corps avec la bête féroce et finit par demeurer vainqueur ; mais blessé à la cuisse et perdant tout son sang, il fut ramené mourant dans le camp des croisés. Par bonheur la blessure ne se trouva pas dangereuse, et le duc de Bouillon put suivre l'armée dans une litière. (H. Martin. *Hist. de France.)*

Partie d'Antiochette, l'expédition se dirigea sur Iconium *(Konia)*, qui fut trouvée vide d'habitants, puis sur Tharse *(Tarsous)*, ville située sur les bords du Cydnus. A ce moment la discorde éclata entre quelques chefs, et fut sur le point de gagner l'armée entière. Elle se termina heureusement par l'éloignement de Baudoin, frère de Godefroy, qui, s'étant emparé d'Edesse *(Orfa)*, s'y fixa et devint seigneur d'une partie de la Mésopotamie; enfin la grande armée, après avoir franchi le Taurus, entra en Syrie, traversa l'Oronte, et se trouva sous les murs d'Antioche (octobre 1097.)

Il était temps, car les croisés commençaient à ne plus pouvoir supporter la disette et les maladies si communes sous le ciel de la Syrie. Plusieurs des guerriers les plus braves avaient déjà déserté. Toutes les privations et tous les combats qu'avait essuyés l'armée depuis seize mois qu'elle avait quitté Constantinople en avaient prodigieusement diminué le nombre. Il ne restait plus guère qu'une centaine de mille hommes. Les chefs résolurent de commencer immédiatement le siége pour faire diversion aux pensées de désespoir qui absorbaient l'esprit des pèlerins.

Antioche jouissait depuis longtemps d'une réputation méritée de richesse et de grandeur. Elle était célère dans l'histoire du christianisme et renfermait encore un grand nombre de fidèles disciples de la religion chrétiene. Située sur les bords de l'Oronte, elle était environnée de bonnes murailles, munie d'un port excellent, et défendue par une garnison aguerrie.

Les tentes furent plantées autour de la ville, mais personne ne se montra sous les remparts pour en défendre l'approche. Les croisés, d'abord étonnés, se laissèrent bientôt prendre à ce piége. Les campagnes étaient couvertes de moissons, les fruits pendaient aux arbres, les raisins aux vignes; l'air était doux et pur; ils se mirent à piller et à boire, sans souci du lendemain, et gaspillèrent en quelques mois les provisions qui auraient pu leur suffire pour toute une année. Si bien que, quand l'hiver fut revenu, ils se trouvèrent de nouveau en proie à la famine, dénués de munitions, et incapables de résister aux incursions journalières des assiégés qui n'avaient pas manqué de se montrer aussitôt que l'occasion de le faire avec succès s'était offerte à eux.

La faim, le froid, le découragement, la discorde, désolaient le camp depuis sept mois, lorsque au milieu de l'abattement universel, Bohemond déclara que, si on voulait lui abandonner la souveraineté d'Antioche, il se faisait fort d'introduire l'armée dans la ville. La fortune de Baudoin d'Esse avait éveillé la jalousie de ce prince et le poursuivait dans son sommeil. Convaincus que, s'ils continuaient le siége, leur perte était certaine, tous les chefs, sauf Raymond de Saint-Gilles, consentirent à ce que demandait l'ambitieux italien. Bohemond alors révéla les intelligences qu'il entretenait avec un renégat nommé Firouz, qui habitait la ville. A quelques jours de là, par une nuit sombre, Firouz introduisit en effet Bohemond dans la tour qu'il commandait par une échelle de corde, ouvrit une porte à ses compagnons, et, comme un torrent qui franchit ses digues, l'armée entière se précipita dans la ville qu'elle innonda avant qu'il fût possible à la garnison de se reconnaître. Dans cette seule nuit la ville conquise vit périr plus de dix mille de ses habitants. Elle resta aux croisés, mais pas en entier, car l'élite de ses défenseurs parvint à gagner la citadelle et à s'y maintenir.

Trois jours ne s'étaient pas écoulés depuis ce hardi coup de main, qu'une armée de deux cent mille hommes, commandée par vingt-deux émirs, sous les ordres de Kerbogah, sultan de Massoul, arriva pour porter secours aux habitants d'Antioche. En présence de cette troupe formidable, les guerriers chrétiens n'osèrent tenter le sort d'une bataille. Ils s'enfermèrent dans la ville, espérant que cette nuée passerait comme elle était venue. Mais il n'en fut rien. Kerbogath installa ses soldats autour des remparts, en ferma toutes les issues, mit les croisés dans l'impossibilité de renouveler leurs provisions de vivres, et bientôt la disette succédant à l'orgie de la conquête, les malheureux, pressés entre deux périls également redoutables, la garnison de la forteresse au-dedans, l'armée musulmane au-dehors, en vinrent à regretter le temps où assiégeants eux-mêmes, ils allaient chercher au loin des provisions et trouvaient quelquefois dans les arrivages du port Saint-Siméon de quoi assouvir à prix d'or la faim qui les pressait.

« Les chroniqueurs racontent avec douleur la famine qui désola le peuple chrétien ; et, ce qui paraît surtout les remplir de surprise et d'effroi, c'est l'énorme somme d'argent qu'il fallait donner pour un pain, pour un œuf, pour quelques fèves, pour la tête d'une chèvre maigre ou pour la cuisse d'un chameau. Un d'eux affirme qu'on lui a rapporté sur les misères d'Antioche, des choses qui font frémir la nature, et lui-même en paraît si effrayé, qu'il n'ose les révéler à ses lecteurs. Les croisés tuèrent d'abord leurs bêtes de somme, les guerriers en vinrent ensuite à tuer leurs chevaux de bataille, compagnons de leurs périls. Le malheureux peuple s'emparait de la peau de ces animaux qu'il assaisonnait avec du poivre, du cumin et d'autres épices qu'on avait trouvées lors du pillage de la ville : on voyait des soldats manger le cuir de leurs boucliers ou de leurs chaussures amolli dans l'eau chaude. Quand ces dernières ressources commencèrent à manquer, la misère devint plus affreuse. Chaque jour une foule avide se pressait à la porte de ceux qui conservaient quelques vivres, et chaque jour ceux dont on avait la veille invoqué la charité se trouvaient réduits à implorer celle des autres. Bientôt les soldats et les chefs, les pauvres et les riches, tous les rangs, toutes les conditions furent confondus dans la même calamité ; enfin le fléau de cette horrible disette devint si universel, qu'on vit des princes et des seigneurs, qui possédaient en Europe de grandes cités et de vastes domaines, souffrir avec tout le peuple le tourment de la faim et mendier de porte en porte une subsistance grossière (1). »

Le sort d'une bataille pouvait seul mettre un terme à tant de maux. Vaincus, les croisés y trouvaient un glorieux martyre ; vainqueurs, ils s'emparaient des immenses approvisionnements du camp ennemi ; mais doutant de leur courage, ou incertains de la protection du ciel, ils paraissaient avoir perdu leur valeur, et personne ne songeait à en faire usage. Toute leur ambition semblait désormais être de fuir une ville qui ne leur présentait que l'image et la perspective de la mort : et pendant que beaucoup d'entre eux allaient se jeter parmi les musulmans, où ils achetaient un peu de pain au prix de l'apostasie, les autres mettaient leur industrie à descendre la nuit des remparts, à l'aide d'une corde, et à gagner furtivement le rivage de la mer.

Au milieu de ces perplexités, les chefs comprirent que l'esprit d'exaltation qui avait précipité ce flot de nations de l'Europe sur l'Asie, pouvait seul les arracher à une mort certaine. Un jour, un prêtre provençal, nommé Barthélemy, vint révéler une apparition de saint André qui s'était montré à lui pendant son sommeil, et lui avait indiqué le lieu où, en fouillant la terre, on découvrirait le fer de la lance qui avait servi à percer le flanc de notre Rédempteur (1). Suivant la promesse de l'apôtre, ce fer

(1) Michaud. *Hist., des Croisades.*

(1) Ce fer avait été probablement caché par ordre du comte de Toulouse. Foucher, de Chartres, et d'autres contemporains soupçonnent le fait de fraude. Plus tard, de grands débats s'étant élevés à cette occasion, le prêtre Barthélemy fut soumis à l'épreuve du feu. Il en mourut, et la sainte lance demeura fort discréditée.

mystique, portée à la tête de l'armée, devait opérer la délivrance des chrétiens.

Le bruit de cette apparition répandu dans l'armée fut comme la trompette d'une résurrection générale. On alla au lieu indiqué : c'était une des églises d'Antioche; on creusa la terre en grande pompe, on découvrit la précieuse relique, et à sa vue toutes ces légions de pèlerins exténués, qui n'attendaient plus que la mort, se retrouvèrent soudain pleines de forces et de courage.

Ne pas profiter d'un tel paroxysme d'enthousiasme pour voler au combat eût été une faute impardonnable. On passa le jour suivant à préparer une sortie, et la nuit en œuvres de dévotions. Vers le matin, ce qui restait de pain et de farine dans Antioche servit pour la communion générale. Cent mille guerriers s'approchèrent du tribunal de pénitence. Enfin le jour parut. C'était la fête des saints apôtres Pierre et Paul. Les portes d'Antioche s'ouvrirent, toute l'armée sortit, divisée en douze corps, et tous les princes, chevaliers et barons étaient à la tête de leurs hommes d'armes. Le légat du pape marchait entouré des images de la religion et de la guerre. Raymond d'Agiles, le bon chroniqueur, nous apprend qu'il précédait lui-même l'évêque du Puy, et dit avec sa naïveté accoutumée : J'ai vu ce que je raconte, et c'est moi qui portais la lance du Seigneur.

La bataille fut longue et vivement disputée. Kilidj-Arslan, qui commandait une des ailes de l'armée turque, faillit accabler les chrétiens; mais sa valeur ne fit que retarder leurs triomphes. Cent mille musulmans restèrent sur le champ de bataille, et le reste fut mis en déroute. Les vainqueurs s'emparèrent du camp de Kerbogah, où ils trouvèrent un butin immense. Plus de quinze mille chameaux, trois mille chevaux tout harnachés, et la tente du sultan, qui ressemblait à un palais enrichi de tout le faste oriental, tombèrent en leur pouvoir. La citadelle d'Antioche se rendit aussitôt après la bataille, et Bohemond s'installa en souverain dans la ville.

Les croisés eurent le tort de se reposer plusieurs mois sur les lauriers de cette conquête inattendue. Ils donnèrent ainsi à une épidémie meurtrière le temps de ravager leurs rangs, à l'hiver le loisir de les surprendre, et aux plaisirs le moyen de se glisser parmi eux.

—

VI. Au retour du printemps, le signal du départ fut enfin donné. L'armée s'avançait lentement, en soumettant quelques villes à droite et à gauche; mais cette fois, grâce à la précaution que prirent ses guides de la diriger en côtoyant la mer, elle put marcher sans être en proie à la disette, et trouva sur sa route des vivres et des provisions fournis par les négocients européens. Berithe (Beyrout), Sidon, Tyr, Ptolémaïs (Saint-Jean-d'Acre) et leur riche territoire furent successivement visités par eux, et ils entrèrent en Judée, dans Rama, dans Emmaüs, dans Bethléem; et, le 10 juin 1099, saluèrent Jérusalem du haut des montagnes voisines, aux cris de *Dieu le veut! Dieu le veut!*

« O bon Jésus, dit le moine Robert, témoin oculaire, lorsque les chrétiens virent la cité sainte, que de larmes coulèrent de leurs yeux!

» Solyme est assise sur deux collines opposées et de hauteur inégale : un vallon les sépare et partage la ville; elle a, de trois côtés, un accès difficile; le quatrième s'élève d'une manière douce et presque insensible; c'est le côté du nord. Des fossés profonds et de hautes murailles l'environnent et la défendent.

» Au dedans sont des citernes et des sources d'eau vive; les dehors n'offrent qu'une terre aride et nue; aucune fontaine, aucun ruisseau ne l'arrose; jamais on n'y vit éclore de fleurs; jamais arbre de son superbe ombrage n'y forma un asile contre les rayons du soleil; seulement, à plus de six mille de distance, s'élève un bois dont l'ombre funeste répand la tristesse et l'horreur.

» Du côté que le soleil éclaire de ses premiers rayons, le Jourdain roule ses ondes illustres et fortunées. A l'occident, la mer Méditerrannée mugit sur le sable qui l'arrête et la captive; au nord, est l'infidèle Samarie; et Bethléem, le berceau d'un Dieu, est du côté qu'attristent les pluies et orages (1). »

A l'époque où l'armée chrétienne en commençait le siége, la ville éternelle n'était plus que l'ombre de son ancienne splendeur. Elle venait d'être conquise, depuis quelques mois seulement, par les troupes du calife du Caire, sur les Turcs qui l'avaient occupée depuis dix ans; mais en changeant de maître elle n'avait point changé de destinée. Le peu de chrétiens qui s'étaient obstinés à y vivre, malgré les persécutions du fanatisme musulman, étaient sans cesse exposés à toutes les vexations imaginables. Les monuments tombaient en ruine, et le patriarche Siméon lui-même, chassé du divin sépulcre dont il était le gardien, errait exilé et mendiant dans les îles de l'archipel. Malgré le peu d'importance de cette place, ses nouveaux maîtres tenaient à honneur de ne point la laisser prendre par les chrétiens, et au bruit de leur arrivée, quarante mille hommes, sous les ordres d'Aladin, s'étaient empressés d'y entasser les provisions nécessaires pour un long siége derrière des murs réparés à la hâte.

Les troupes de la croix, de leur côté, étaient fort réduites; à peine pouvaient-elles compter sur cinquante mille combattants. Le reste était mort ou dispersé au loin. Le légat Adhémar, l'évêque d'Orange, le comte Hainaut et bien d'autres chefs avaient succombé aux épidémies. D'autres s'étaient attachés à la fortune de Baudoin ou de

(1) Le Tasse. *La Jérusalem délivrée.*

Bohemond ; d'autres enfin, comme le comte de Vermandois, s'étaient éloignés sous quelques prétextes et n'étaient pas revenus.

Les chefs voulurent d'abord tenter un assaut de vive force : il fut repoussé. Ce revers apprit aux chrétiens qu'ils ne devaient pas toujours compter sur des prodiges, et qu'il leur fallait avant tout construire des machines de guerre. Il s'y appliquèrent de tout leur courage, au milieu de privations si grandes, que, pour tromper leur soif, dit l'un deux, ils étaient obligés de creuser la terre et de presser les mottes humides contre leur bouche. Enfin quelques secours leur arrivèrent d'Europe, par le port de Jaffa. D'habiles ingénieurs et charpentiers génois vinrent se mêler aux travailleurs et diriger leurs constructions : plusieurs tours roulantes, plusieurs engins puissants, tels qu'on savait les construire à cette époque, furent installés en face des murailles de Jérusalem, et tout étant prêt, un assaut général fut résolu pour le 14 juillet.

Il n'entre pas dans mon plan de décrire les péripéties de cet assaut qui dura deux jours presque sans interruption. La longueur du combat indique assez que chacune des deux armées fit noblement son devoir. Le deuxième jour, qui était un vendredi, vers l'heure ou Jésus-Christ était mort, les chrétiens l'emportèrent enfin et entrèrent dans Jérusalem, dont les rues, au rapport d'un chroniqueur, étaient tellement jonchées de cadavres, que les chevaux avaient du sang jusqu'au poitrail.

Les croisés, maîtres de la ville, passèrent subitement de la fureur exterminatrice à la dévotion la plus tendre. Pendant que le sang coulait encore dans quelques quartiers, Godefroy de Bouillon, ayant quitté ses compagnons pour se rendre sans armes et les pieds nus dans l'église du Saint-Sépulcre, son exemple est bientôt suivi par tout le monde, et la foule des vainqueurs, se dépouillant de leurs habits de guerre et lavant leurs mains teintes de sang, font retentir Jérusalem de leurs cantiques ; et, conduits par le clergé, marchent ensemble vers l'église de la Résurrection.

Le lendemain on s'occupa de recueillir les dépouilles des vaincus. Le butin qui fut trouvé dans Jérusalem était immense. Il avait été convenu que dans le pillage de la ville on respecterait le droit du premier occupant. Ce fut en vertu de cette condition que la mosquée d'Omar échut à Tancrède. Soixante-dix lampes et un grand nombre de vases d'or et d'argent récompensèrent sa valeur. Mais une conquête bien plus précieuse aux yeux des croisés fut la vraie croix, que leur apportèrent les chrétiens de Jérusalem, qui l'avaient soustraite à la fureur des musulmans pendant le siége. « De cette chose, dit une vieille chronique, furent les chrétiens aussi joyeux comme s'ils eussent vu le corps de Jésus-Christ pendu dessus icelle. »

—

VII. La semaine suivante, les vainqueurs s'occupèrent de rétablir le trône de Salomon. Le nouveau royaume de Jérusalem devait naturellement être édifié sur les bases de la féodalité occidentale. La défection du frère du roi de France rendait Robert de Normandie, frère du roi d'Angleterre, le plus haut prince du sang présent à la délibération. L'assemblée des barons lui offrit la couronne; mais ce seigneur, qu'une foule d'exploits avait rendu célèbre pendant la durée d'une si longue expédition, trouva la couronne trop lourde; il la céda à celui qui venait après lui, Godefroy de Bouillon, duc de Lorraine, qui descendait de Charlemagne par les femmes. Cette élection n'étonna personne. C'était le temps où de simples chevaliers sautaient de la brèche sur le trône. « Le casque apprend à porter le diadème, dit Châteaubriand, et la main blessée qui porta la pique s'enveloppe noblement dans la pourpre (1). » Godefroy accepta l'honneur qu'on lui offrait, mais il refusa de mettre une couronne sur sa tête, « ne voulant point, dit-il, porter une couronne d'or où Jésus-Christ avait porté une couronne d'épines. » Il prit, au lieu du titre de roi, celui d'avoué, ou défenseur du Saint-Sépulcre. Ses successeurs devaient être moins scrupuleux.

« Le chef étant désigné, les terres d'Israël et de Juda, dont la plus grande partie était encore occupée par les musulmans, furent partagées en comtés, en baronnies, en fiefs de haubert, comme une province de France ou d'Allemagne. On créa des marquis de Ptolémaïs et de Joppé, des comtes de Bethléem et de Nazareth. L'archevêque de Pise fut élu patriarche de Jérusalem (2). »

Le code de ce nouveau royaume fut rédigé sous le nom d'*Assises de Jérusalem*. C'est un curieux monument à étudier. On y voit que le roi étant le chef suprême de la monarchie, ne tenait son titre « de personne, fors Dieu. » Les barons et les chevaliers, au contraire, lui faisaient hommage de leurs fiefs et lui prêtaient serment de fidélité. Des bourgeois devaient le servir à table le jour du couronnement, en signe d'obéissance. Il y avait une cour des barons et une cour des bourgeois. La première était présidée par le roi, et en son absence par les quatre premiers feudataires, le prince de Galilée, le seigneur de Césarée, le comte de Joppé et celui de Tripoli. A cette cour suprême ressortissaient toutes les affaires féodales. La seconde était présidée par le vicomte de Jérusalem, et composée de bourgeois. Tous les cas de droit commun étaient décidés par elle. Cette large part faite à la bourgeoisie est remarquable dans une constitution d'ailleurs si énergiquement féodale.

(1) Châteaubriand. *Itinéraire de Paris à Jérusalem.*

(2) Moñin. *Histoire de France.*

Après une dernière victoire, la bataille d'Ascalon, qui termina dignement l'épopée de la croisade en mettant en fuite une armée coalisée de tous les chefs musulmans de Syrie et d'Egypte, les libérateurs de Jérusalem se séparèrent.

Robert Courte-Heure reprit la route de son duché par l'Italie. Comme il passait par la Houille, une princesse, Sybille, fille du comte de Conversano, lui plut et devint son épouse. Ce fut à ses pieds que Robert perdit l'heure propice pour devenir roi d'Angleterre.

Raymond de Saint-Gilles, qui avait fait serment de ne jamais revenir en Occident, se retira à Constantinople, où l'empereur Alexis satisfit son ambition en lui accordant la principauté de Laodicée.

Robert de Flandres, Alain de Bretagne, Eustache de Boulogne, second frère de Godefroy, Gaston de Foix, heureux d'avoir échappé à la mort, se rembarquèrent pour leurs pays.

Hierre l'Hermite quitta aussi la terre à la délivrance de laquelle il avait tant contribué. Après avoir échappé à la mort durant la traversée, il fonda une abbaye à Huy, sur la rive droite de la Meuse, et y termina ses jours dans l'obscurité.

Seul de tous ses anciens compagnons d'armes, le brave Sancrède resta fidèle à la fortune de Godefroy de Bouillon, et demeura pour le défendre avec trois cents chevaux et deux mille soldats d'infanterie.

Il est vrai que les rangs des champions de la croix, éclaircis par ces retraites, ne tardèrent pas à être remplis de nouveau, et plusieurs princes chrétiens, que l'indifférence ou la politique avait empêché de prendre part aux exploits de la croisade, comme Guillaume IX, comte de Poitiers, Guillaume, comte de Nevers, Harpin, comte de Bourges, le duc de Bavière, l'évêque de Milan, et bon nombre d'autres, entraînés par le mouvement général, s'embarquèrent pour aller porter au roi de Jérusalem les secours de leurs bras et de leurs trésors.

Le règne de Godefroy ne dura qu'un an. C'était bien peu pour organiser un royaume composé d'aventuriers de tous les pays, qui regardaient Jérusalem comme un lieu de passage, et ayant laissé derrière eux les affections et leurs familles. Pour qu'au moment du danger le pays conquis ne manquât pas d'habitants, il commença par fortifier l'amour de la nouvelle patrie par l'intérêt de la propriété, et établit que toute personne qui avait séjourné un an dans une maison ou dans une ferme en devenait légitime possesseur, de même que le propriétaire reconnu perdait ses droits après une absence de pareille durée. Il s'appliqua ensuite à reculer les frontières du royaume dont on lui avait confié la défense, et à protéger les établissements des chrétiens contre les dangers auxquels aurait pu les exposer le voisinage trop rapproché du territoire occupé par les infidèles.

Par ses ordres Tancrède s'empara de Tibériade dont il devint prince; Godefroy lui-même réussit dans ses attaques contre Ptolémaïs, Césarée et Ascalon. Arsur seule opposa une vive résistance et ne put être prise. Au moment de l'attaque de cette ville, on raconte que les assiégés firent attacher, à l'endroit le plus exposé de la muraille, un chevalier français leur prisonnier. Ce malheureux, à la vue de la mort, poussait des cris et implorait la pitié des siens. « Je ne pourrais vous sauver quand vous seriez mon frère, lui cria Godefroy; mourez donc pour la gloire de Jésus-Christ. » Et il ordonna l'assaut. Cependant le chevalier ne mourut pas: quelque temps après on le vit reparaître dans Jérusalem, et le roi lui donna le château de Saint-Abraham, situé dans les montagnes de la Judée, près de Bethléem.

Lorsque l'armée fut rentrée à Jérusalem, Godefroy apprit que Baudoin, comte d'Edesse, son frère, et Bohemond, prince d'Antioche, s'étaient mis en route pour visiter les saints lieux. Ses anciens compagnons d'armes lui amenaient quelques renforts. L'histoire contemporaine ajoute qu'il les festoya magnifiquement tout le long de l'hiver.

Ces rapprochements entre les princes chrétiens établis en Palestine montrent combien leurs petits états, à peine assis sur leurs bases, étaient déjà près de s'écrouler. Les colonies latines, perdues au milieu des populations musulmanes leurs ennemies, et des molles populations chrétiennes grecques incapables de les secourir, eussent été anéanties en peu d'années si le flot incessant de la croisade n'eût jeté sur la côte de Palestine des renforts sans cesse renouvelés.

La renommée du roi de Jérusalem s'étendait chaque jour davantage. On le comparait à Judas Machabée pour la valeur, à Samson pour la force de son bras, à Salomon pour la sagesse de ses conseils; mais Dieu ne permit pas qu'il vécût assez longtemps pour achever ce qu'il avait si glorieusement commencé. Il mourut à Jaffa *(Joppé)*, le 17 juillet 1100, après avoir donné l'exemple de toutes les vertus d'un saint roi et d'un guerrier accompli. Ses restes furent rapportés à Jérusalem. On plaça sur son tombeau l'inscription suivante : *Hic jacet inclytus dux Godefridus de Bulion, qui totam instam terram aquisivit cultui christiano, cujus anima regnet cum Christo. Amen.*

VIII. Après la mort du prince qui les avait si sagement gouvernés, les barons, d'une voix unanime, appelèrent à lui succéder son frère le comte d'Edesse. Baudoin rentrait tristement d'une expédition contre les turcs, dans laquelle il avait en vain cherché à arracher de leurs mains le prince d'Antioche devenu leur prisonnier, lorsque les envoyés de Jérusalem se présentèrent à lui pour lui annoncer le choix qu'on avait fait de sa personne. La joie qu'il en ressentit, dit le chroniqueur Foucher de Chartres, lui fit oublier sa douleur que devait lui causer la perte de son frère. Il s'empressa de céder son comté d'Edesse à son cousin Baudoin de Bourg, et malgré les périls de la route, il partit sans perdre de temps de Jérusalem, où il fut reçu en triomphe.

Le nouveau roi était impatient de signaler son avènement par quelque entreprise glorieuse. Moins d'une semaine après sa prise de possession, il assembla ses chevaliers et se mit à leur tête. L'armée chrétienne parcourut successivement les montagnes de la Judée, le pays d'Hébron, les bords de mer Morte et la partie montueuse de l'Arabie. Tantôt secondé par la victoire, tantôt poursuivi par la disette ou par le sabre des musulmans, ce prince énergique n'épargna ni dangers ni fatigues pour agrandir son royaume ou le rendre redoutable à ses ennemis.

Mais cette activité dévorante finit par lasser les princes qui étaient venus d'Europe à son secours. Ceux que la mort avait épargnés le quittèrent promptement et revinrent chez eux. Guillaume de Poitiers, qui était plus poète qu'homme de guerre, fut des premiers à donner l'exemple; et parfois, dans la suite, comme il était enjoué, beau diseur, il prenait plaisir à raconter les déplorables aventures de son pèlerinage en vers agréablement cadencés. Moins heureux que lui, Etienne de Bourgogne fut tué dans la malheureuse affaire de Ramla. Etienne de Chartres, à qui sa femme Alix avait tant reproché sa fuite honteuse qu'il avait fini par revenir en Terre-Sainte, et Harpin de Bourges, furent pris dans la même affaire. Le premier disparut sans qu'on ait jamais pu connaître sa fin; le second, après une longue captivité au Caire, revint mourir en France, au couvent de Cluny; enfin Raymond de Saint-Gilles, à l'âge de soixante-cinq ans, mourut aussi à la besogne en achevant le siége d'un château fort.

Un nouvel appel de croisés était indispensable. Alors on vit arriver en France, sous prétexte de s'acquitter d'un vœu à Saint-Léonard de Limoges, mais en réalité pour ranimer l'enthousiasme et nouer des liens utiles avec le roi de France, Bohemond, prince d'Antioche, qui venait d'échapper aux fers des turcs. Il demanda pour son neveu Mancrède, qu'il avait laissé à sa place à Antioche, une fille de Philippe Ier, et une autre pour lui. Au milieu des fêtes de la cour, tour à tour le plus brillant des chevaliers et le plus ardent des orateurs, il prêche la guerre sainte et enrôle des soldats du Christ. A Limoges, à Poitiers, à Chartres, il obtient le même succès. Tous les chevaliers du Limousin et du Poitou se disputent l'honneur de l'accompagner en Orient. En Espagne, en Italie, il trouva le même empressement à le suivre. Ses compagnons deviennent une armée; mais le malheur veut qu'il s'arrête en route, au siége de Durazzo, et qu'il y meure. De ce moment le royaume latin compte un ennemi de plus dans la personne de l'empereur Alexis, suzerain de cette forteresse.

Le roi de Jérusalem devait trouver une assistance plus stable et plus régulière dans les redoutables milices religieuses de l'*Hôpital* et du *Temple*, qui furent créées à cette époque.

Les chevaliers de l'Hôpital remontent à 1104. Leur institution primitive n'avait pour objet que le soin des blessés et des malades; ils ne tardèrent pas à y joindre l'obligation du service militaire. Ils furent fondés par quelques gentilshommes dont l'histoire a gardé les noms: Gérald, Raymond Dupuis, Dudon de Comps, Gaston de Berdeis, Conon de Montaigu, qui, après avoir élevé une magnifique église en l'honneur de saint Jean leur patron, et des bâtiments pour le logement des malades et le leur, commencèrent à y donner l'exemple de toutes les vertus et de tous les dévouements. L'habit de l'ordre consistait en une robe noire, avec un manteau à pointe de la même couleur, auquel était attaché un capuchon. Sur le côté gauche du manteau était unecroix blanche à huit branches. Les religieux faisaient les trois vœux de pauvreté, d'obéissance et de chasteté. Ils avaient un grand-maître, des commandeurs, des chevaliers et des écuyers pour le service. Quand leurs domaines furent devenus considérables, ils les divisèrent en sept langues : Provence, Auvergne, France, Italie, Aragon, Allemagne et Angleterre.

L'ordre des Templiers ne remonte qu'à 1118 ; il était purement militaire, et n'avait pour but que de défendre les lieux saints et de protéger les pèlerins dans les voyages. Ils furentin stitués par neuf gentilshommes français aussi pleins de foi que de bravoure et d'honneur. Hugues de Paganis et ses huit compagnons se réunirent dans une maison voisine voisine du lieu qu'occupait jadis le temple de Salomon, et reçurent du pape Honorinus II une règle pour faire leur salut en servant Dieu les armes à la main. Outre les trois vœux monastiques ils promettaient encore de consacrer leur sang, leur repos et leur vie à la défense du royaume de Dieu. Ils devaient toujours accepter le combat, fût-il d'un contre trois, vivre sobrement, communier au moins une fois l'an, entendre la messe trois fois par semaine, et chaque jour un certain nombre de *Pater*. Leur costume se composait d'une robe et d'un manteau de couleur blanche, avec une croix rouge au côté gauche. La principale dignité de leur ordre était celle de grand-maître, lequel ne connaissait de chef que le pape. Après lui venaient les visiteurs, les précepteurs, les commandeurs et les servants. L'ordre s'étant accru rapidement, ils divisèrent leurs biens en neuf provinces : France, Portugal, Castille et Léon, Aragon Majorque, Allemagne, Italie, Pouille et Sicile, Angleterre et Irlande.

Dirigés par le même mobile qui avait fait naître les Croisades, la réunion de l'esprit militaire et de l'esprit religieux, ces deux ordres furent pour le royaume de Jérusalem un puissant appui. Dans un siècle où le combat était un des éléments de la vie, ils ne pouvaien manquer l'un et l'autre d'avoir un recrutement rapide. Les plus nobles maisons se faisaient gloire d'y voir admettre leurs fils, tandis qu'à l'envie des rois, les fidèles, et le clergé lui-même les comblaient de revenus et de bénéfices. Heureux si dans la suite ils ne s'étaient pas laissés corrompre par leurs succès et par leurs richesses!

Secondés par de pareils champions, et animé lui-même de toutes les vertus qui font l'homme de guerre, Baudoin ne pouvait mourir qu'enseveli dans ses victoires. C'est ce qui arriva. Sa vie entière ne fut qu'une succession de luttes et de combats. Après avoir formé un état avec les villes de Tripoli, de Tortose, d'Archas et de Gibel, en faveur de Bertrand, fils de Raymond de Saint-Gilles, il alla mettre le siége devant Beyrouth. La ville résista pendant deux mois. Enfin les habitants, obligés de se rendre, brûlèrent sur les places publiques presque toutes leurs richesses et ouvrirent les portes. Il ne restait plus aux musulmans, sur la côte de Syrie, que trois villes : Ascalon, Tyr et Sidon. Sidon fut prise la première, avec le secours d'une croisade de Norwégiens. Les deux autres places allaient être pareillement attaquées, lorsqu'un échec qu'il reçut à Panéas, en l'obligeant à faire une alliance avec le sultan de Damas, lui fit tourner ses armes d'un autre côté. Il s'engagea dans les solitudes de l'Arabie, et pénétra ainsi jusqu'à Hellis. Les pèlerins étaient émerveillés des pays qu'ils parcouraient. Le roi, tourmenté d'une autre pensée, cherchait un chemin vers l'Egypte. Au commencement de 1118, les guerriers francs purent en effet se baigner dans les eaux du Nil; mais leur ivresse se changea bientôt en affliction quand ils virent leur chef atteint d'une maladie mortelle. Pour retourner à Jérusalem il fallait traverser d'immenses déserts. On essaya de le transporter dans une litière faite avec les pieux des tentes; mais arrivé à une station nommée El-Arich, il s'aperçut lui-même qu'il était près de sa fin. Il fit alors appeler son cuisinier, nommé Edon, et lui adressa ces paroles : « Tu vois que je vais mourir : si tu m'as aimé vivant, conserve-moi le même sentiment après ma mort. Ouvre mon corps; prend soin de le frotter de sel et d'aromates au-dehors et à l'intérieur; remplis de sel mes yeux, mes narines, mes oreilles, ma bouche; réunis-toi ensuite à mes autres serviteurs et à mes chers compagnons pour me transporter dans la ville sainte. » Il s'adressa ensuite à ses compagnons d'armes, recommanda à leurs suffrages son frère Eustache de Boulogne, ou son cousin Baudoin de Bourg; et ayant mis ordre aux affaires de sa conscience, il rendit le dernier soupir. Il avait régné 17 ans et en avait vécu 65.....

Quoiqu'il eût épousé deux femmes, dont l'une, veuve du roi de Sicile, il ne laissait aucun enfant. Ce prince qui, au commencement de la croisade, s'est fait haïr par un caractère ambitieux et altier, donna dans ses dernières années l'exemple d'un prince accompli. On l'enterra près de Godefroy, et l'inscription suivante fut placée sur sa tombe : *Rex Balduinus, Judas alter Machabeus, spes patriœ, vigor ecclesiœ, virtus utriusque, quem formidabant, cui dona tributa que ferebant Cedar et Ægyptus, Dan, ac Homicida Damaseus, proh dolor, in modico clauditur hoc tumulo.*

IX. Baudoin du Bourg, qui se trouvait en ce moment à Jérusalem, où il était venu d'Edesse pour célébrer avec son oncle les fêtes de Pâques, fut choisi pour lui succéder. Il prit le nom de Baudoin II, et fut proclamé le jour même de Pâques. Le comté d'Edesse fut transmis à Jocelyn de Courtenay. « Baudoin avait un esprit droit, une âme élevée, une douceur inaltérable. La religion présidait à toutes ses actions; mais sa dévotion était plutôt celle d'un cénobite que celle d'un prince et d'un guerrier. Il passa douze ans sur le trône de Jérusalem, où il ne montra ni les défauts ni les qualités de son prédécesseur (1). »

Dès la première année de son règne, la principauté d'Antioche fut envahie par Ilgazi, sultan d'Alep. Antioche n'était plus défendue par la renommée du brave Tancrède : ce parfait modèle de la chevalerie et de l'honneur était mort au poste que lui avait marqué Bohemond, veillant à la succession des fils orphelins de son ami. Roger de Sicile, qui continuait les soins de leur minorité, avait appelé à son aide les comtes d'Edesse et de Tripoli; mais avant leur arrivée, il livra la bataille et la perdit. Baudoin n'eut pas plutôt appris ce désastre qu'il vola à son secours. Il trouva des moines et des clercs au lieu de soldats à la garde des remparts d'Antioche. Après avoir pourvu à la défense de la ville, il marcha contre Ilgazi, et fut assez heureux pour le mettre en fuite après une victoire signalée.

L'année suivante, ce fut le tour d'Edesse. Balac, neveu et successeur d'Ilgazi, voulant signaler son avènement par quelque brillante action, parvint, à force d'adresse,

(1) Michaud. *Hist., des Croisades.*

à s'emparer du nouveau comte Jocelyn de Courtenay et à l'emmener chargé de chaînes. Baudoin accourut encore pour le venger ; mais à peine était-il devant Edesse qu'il tomba lui-même dans une embuscade et alla partager la captivité de celui qu'il était venu secourir (1123).

Cette nouvelle se répandit comme une fusée. Jérusalem sans roi, c'est un état sans tête, un état sans chef, une proie facile offerte à tous les rôdeurs musulmans. Les chrétiens de Palestine ne s'y trompèrent point. Ils firent pénitence dans la cendre et le cilice comme les habitants de Ninive, et retrempés par la consolation d'en-haut, proclamèrent la guerre au son de toutes les cloches de la ville. L'armée marchait sous les ordres du comte de Sidon, précédée par le bois de la vraie croix. Elle montra ce que peut le courage uni au dévouement. L'ennemi fut repoussé sur les points. Une flotte vénitienne qui arriva dans le même temps ayant réuni ses efforts aux siens, elle ne recula pas devant le projet d'attaquer Tyr, la plus riche cité de la Syrie. Elle triompha encore, et le bruit qui s'en répandit fut si puissant, qu'il détermina Balac à rendre la liberté à ses prisonniers (1125).

Baudoin II mourut six ans après avoir recouvré sa liberté. La fin de son règne fut illustrée par des faits d'armes auxquels il n'eut point de part ; mais il n'emporta pas moins au tombeau les regrets des chrétiens qui aimaient à voir en lui le dernier des compagnons de Godefroy. Il expira entre les bras de son gendre Foulque d'Anjou, de sa fille Mélisinde et de leur jeune enfant, Baudoin, en leur recommandant la gloire des chrétiens d'Orient (1131).

X. Foulque était âgé de plus de soixante ans et d'une santé débile quand il monta sur le trône. Sa vie se passa à calmer les discordes. La seule grande entreprise militaire de son règne est le siége de Panéas, ville situé à un mille de la source du Jourdain, pour lequel il s'unit au sultan de Damas contre la puissance de Zenghi, sultan de Mossoul. La ville fut prise et resta aux chrétiens.

Peu de temps après cette conquête, un jour que le ro était à la chasse, il tomba de cheval en poursuivant un lièvre, et mourut de sa chute. Ce prince n'avait ni la force ni l'activité nécessaire pour être chef d'un état environné d'ennemis. Il laissait la couronne à un enfant qui fut proclamé sous le nom de Baudoin III. La reine Mélisinde prit la régence (1141).

—

XI. Le plus grand malheur qui pût arriver au royaume fondé par les libérateurs du Saint-Sépulcre c'était de tomber ainsi entre des mains débiles ou inexpérimentées. A peine cette élection fut-elle connue, que toutes les petites principautés musulmanes qui environnaient la Terre-Sainte commencèrent à s'agiter, comme font des vautours auxquels on jette une proie. Zenghi, le plus puissant d'entre eux, celui que le calife de Bagdad regardait comme le bouclier de l'islamisme, donna le signal de l'attaque en se portant sur Edesse, l'un des boulevards de la puissance chrétienne, qui depuis la mort du vieux Courtenay, était gouverné par son fils, jeune homme ivrogne et débauché, incapable d'une pareille mission. Chose horrible à dire, avant que les secours demandés à grands cris à Jérusalem eussent eu le temps de partir, la ville était déjà prise, pillée et saccagée de fond en comble. La résistance que firent les chrétiens d'Edesse est comptée au nombre des plus grands actes d'héroïsme que l'histoire de cette époque merveilleuse ait enregistrés. Nul doute que s'ils eussent eu à leur tête un prince comme Bohemond ou Tancrède, ils n'eussent fini par triompher des assaillants. Leurs efforts inutiles ne firent qu'exalter la fureur des infidèles. Pendant une journée entière leur glaive s'enivra de sang, tout ce qui le lendemain restait encore en vie fut vendu comme un vil troupeau sur tous les marchés de l'Asie. La ville fut rasée, la flamme consuma ses palais, et la charrue fut promenée sur ses murs.

Quand la nouvelle de cette grande calamité fut connue, les puissances musulmanes poussèrent un si grand cri de joie, et les défenseurs du Saint-Sépulcre un gémissement si profond, qu'il parut clair qu'un miracle de Dieu pouvait seul arracher Jérusalem de l'abîme qui s'ouvrait sous elle.

DEUXIÈME CROISADE

Publiée par Honorius III, prêchée par saint Bernard (1147).

Louis VII et Conrad III. — Passage du Méandre. — Bataille de Laodicée. — Séjour d'Antioche. — Siége de Damas. — Siége d'Ascalon — Amaury I. — Baudoin IV. — Bataille de Ramla. — Baudoin V. — Guy de Lusignan. — Bataille de Tibériade. — Prise de Jérusalem par Saladin

I. Les Etats latins d'Orient, après quarante ans d'existence, penchaient déjà vers leur ruine. La population du royaume de Jérusalem, incohérent mélange de Syriens, de Grecs et d'Européens expatriés, ne semblait point en état de résister longtemps au flot qui assiégeait de toute part ses étroites frontières, et dans ces circonstances critiques la couronne de Godefroy se trouvait placée sur la tête d'un enfant de quinze ans.

Mais un cri de détresse ne pouvait s'élever en Palestine sans trouver de sympathiques échos dans les entrailles de la France. Les maisons féodales de Judée et de Syrie étaient presque toutes françaises. Il appartenait aux fils de conserver ce que les pères avaient conquis. D'ailleurs ce beau royaume avait à sa tête un jeune prince qui, ayant déjà des remords à expier, sentait bouillonner dans son cœur l'esprit voyageur et avantureux des conquêtes. Louis, dans un moment d'humeur, avait fait mettre le feu au village de Vitri, sous prétexte de hâlier comte de Champagne auquel il appartenait. Le souvenir brûlant de ce crime devait le pousser vers cette voie du Saint-Sépulcre où l'on rencontrait la rémission de tous ses péchés et le repos de la conscience.

Eugène III, qui venait de monter sur la chaire de Pierre, chargea saint Bernard, le plus grand orateur chrétien de cette époque, de prêcher la guerre sainte. Bernard avait alors cinquante ans. Il appartenait à l'une des plus illustres familles de la Bourgogne. Doué d'une imagination ardente et poétique, il s'était retiré, à vingt-deux ans, au monastère de Citeaux qui suivait la règle de Saint-Benoit. C'était l'époque des grandes joûtes en tout genre. Tandis que les héros de la croisade luttaient avec le glaive sur les champs de la Syrie, les héros de la pensée et de la dialectique luttaient avec la parole dans les écoles célébres de Paris, de Laon et de Melun. Saint Anselme, Guillaume de Champeaux, Abélard, étaient au plus beau de leurs célèbres disputes. Faible de corps, et d'un esprit cultivé, Bernard préféra cette gloire à cette de l'épée.

A vingt-quatre ans il avait été placé par l'abbé de Citeaux à la tête d'une colonie monastique qui alla peupler la vallée de Clairvaux, au diocèse de Langres; mais quelques efforts qu'il fît pour s'y ensevelir, sa renommée franchit les montagnes, et l'Europe entière l'écouta comme un oracle. A sa voix les dissensions s'apaisent entre les princes, les difficultés théologiques sont définies dans les conciles, l'antipape Victor se prosterne devant l'évêque de Rome, et le schisme qui durait depuis huit ans est éteint. Des évêchés, des archevêchés lui sont offerts; il les refuse, et son empire s'en accroît. Il donne un de ses élèves, Suger, pour ministre au roi de France, et un autre, Eugène III, pour pape à l'Eglise. Tel était l'homme chargé de ramasser le crucifix tombé des mains de Pierre l'Hermite.

Regrettons de ne pouvoir nous étendre ici sur le rôle de ce grand homme.

Déjà, dans une cour plénière tenue à Bourges, le roi Louis VII avait révélé aux grands le secret de son cœur. Quand Bernard parut, fortifié de l'autorité apostolique, de sa propre sainteté, les dernières hésitations furent vaincues. Aux fêtes de Pâques 1146, à Vezelai, dans le comté de Nevers, une foule immense de seigneurs convoqués de tous les points du royaume se réunirent dans une vaste plaine. Le roi était au milieu d'eux. Bernard prit la parole : Vous savez dit-il en finissant un long discours, que nous vivons dans un temps de châtiment et de ruines. L'ennemi des hommes a répandu de toute part le souffle de la corruption : on ne voit partout que brigandages impunis. Les lois de la patrie et les lois de la religion n'ont plus assez d'empire pour arrêter le scandale des mœurs et le triomphe des méchants. Le démon de l'hérésie s'est assis dans la chaire de vérité. Dieu a donné sa malédiction à son sanctuaire. O vous tous qui m'écoutez, hâtez-vous donc d'apaiser la colère du ciel, et n'implorez plus sa bonté par de vains gémissements, Ne vous couvrez plus de cilices, mais de vos boucliers invincibles. Le bruit des armes, les dangers, les travaux les fatigues de la guerre, voilà la pénitence que Dieu vous impose. Allez expier vos fautes par des victoires sur les infidèles, et que la délivrance des Lieux Saints soit le noble prix de votre repentir. »

Pendant que l'orateur parlait encore, les cris : *Des croix ! des croix !* l'interrompirent. Toutes celles qu'on avait fait préparer à l'avance furent épuisées en un instant. Il fallut en tailler d'autres dans le manteau même de l'abbé de Clairvaux. Après l'assemblée de Vezélai, saint Bernard continua à prêcher la croisade dans les villes et dans les campagnes. Ses prédictions eurent un succès si extraordinaire qu'elles dépeuplèrent tout le pays. Il porta sa parole jusqu'en Allemagne, et un jour, à Spire, il fut assez heureux pour faire croiser l'empereur Conrad lui-même avec une foule immense de seigneurs germains; et dans les contrées qui n'eurent pas le bonheur d'être visitées par lui, ses lettres, lues et commentées dans les chaires, suffirent pour réchauffer l'ardeur des fidèles.

—

II. Parmi ceux qui prirent la croix, l'histoire nous a conservé les noms de Louis VII et sa jeune épouse, Eléonore d'Aquitaine, Alphonse de Saint-Gilles, Henri de Champagne, Thierry de Flandre, Guillaume de Ponthieu, Enguerrand de Couci, Hugues de Lusignan, le comte de Dreux, frère du roi le comte Amédée de Maurienne, les évêques de Noyon, de Lisieux, de Langres, d'Arras, Conrad III, empereur d'Allemagne, Frédéric de Souabe, son neveu, Roger de Sicile, le marquis Guillaume de Montferrat, etc., etc.

Les apprêts de la croisade bouleversaient toutes les fortunes. « Les barons et les chevaliers, grâce à leurs habitudes prodigues, n'avaient jamais d'argent comptant et se trouvaient hors d'état de soutenir toute dépense extraordinaire. Ceux-ci vendirent ou engagèrent une partie de leurs terres; ceux-là vendirent la liberté à ceux de leurs serfs qui purent l'acheter; les autres accablèrent leurs sujets d'exactions. »

On avait fixé le départ au jour de la Pentecôte (1149). Ce jour-là Louis VII partit de Metz avoir laissé l'administration de son royaume à Suger, abbé de Saint-Denis, et prit sa route par Vorms, tandis que Conrad partait de

Ratisbonne et allait en avant lui préparer des moyens de transport sur le Danube. Les deux armées française et teutonique comptaient chacune plus de cent mille combattants. La fleur de la chevalerie était là toute entière, et dans l'armée de Louis VII la présence de la jeune reine Eléonore et de beaucoup d'autres belles dames, les chasses, les chants des trouvères et les réjouissances donnaient à l'expédition une physionomie toute différente de celle de la première croisade. En arrivant au Danube, Louis VII trouva des députés de Manuel Comnène, le nouvel empereur de Constantinople, qui lui faisait mille protestations d'amitié. Mais ces belles paroles n'étaient que fourberie et crainte, car en même temps le rusé bizantin forçait Conrad et les Allemands à franchir l'Hellespont sans s'arrêter à Constantinople, où il redoutait leurs pillages. A son arrivée à Constantinople, le roi de France fut reçu par l'empereur en personne, qui vint au-devant de lui et l'embrassa ; mais Louis avait hâte de rejoindre son allié Conrad III sur la terre d'Asie, et profita de l'arrivée des croisés d'Italie et de Savoie pour traverser avec eux le détroit (octobre 1147).

—

III. Une bien fâcheuse nouvelle l'attendait sur l'autre rive. A peine avait-il pris la route de Nicée que les députés de l'empereur Conrad vinrent lui annoncer que, trahi par les guides grecs auxquels il s'était confié, et égaré dans les montagnes, ce prince avait été surpris par les musulmans et son armée anéantie. Louis hâta sa marche afin de pouvoir au moins protéger sa retraite. Les deux princes se rencontrèrent à Nicée. Ils se jetèrent dans les bras l'un de l'autre et pleurèrent sur les malheurs qu'ils avaient déjà éprouvés et sur ceux qui les attendaient encore. « Conrad avait reçu deux blessures et ne ramenait que quelques débris de sa nombreuse armée. Les chevaliers qui l'accompagnaient n'avaient plus ni chevaux ni bagages. Dans cette triste situation il essaya vainement de persuader à ses vassaux indépendants de continuer l'expédition, rien ne put les retenir. Il fut obligé de se séparer de Louis et de reprendre la route de Constantinople où il reçut l'accueil le plus flatteur de Manuel, qui cachait ainsi sous les dehors de l'amitié la joie que lui causait cette défaite. »

Louis VII poursuivit sa marche en suivant les côtes de la mer : cette route devait offrir plus de ressources que l'autre pour l'approvisionnement d'une armée. Il visita Cyzique, Priapus, Lampsaque, Abydos, Smyrne et Ephèse, où il s'arrêta quelques jours pour célébrer les fêtes de Noël. Toutes ces villes appartenaient à l'empire grec. L'armée traversa enfin le Caïstre et parvint dans les plaines du Méandre, où une troupe turque s'offrit pour la première fois à ses yeux.

De part et d'autre l'attaque fut vigoureuse. Les croisés avaient à venger la gloire de leurs frères d'armes ; les turcs étaient enhardis par leur victoire sur les allemands. Quoique le passage du Méandre fût rendu difficile par les pluies d'hiver, les français y entrèrent sans crainte, se précipitèrent sur les bataillons ennemis, les taillèrent en pièces et les mirent en déroute si promptement, et avec si peu de pertes qu'ils attribuèrent la victoire à un miracle.

« L'armée ne se reposa qu'un moment à Laodicée, dernière ville grecque de l'intérieur des terres, et se dirigea au sud-est, à travers les gorges difficiles de la Phrygie occidentale. Deux jours après avoir quitté Laodicée, vers midi, les croisés se trouvaient au pied d'une montagne abrupte. Le roi envoya en avant le comte Amédée de Maurienne et Geoffroy de Rancogne, baron poitevin, avec ordre d'occuper la crête de la montagne, pour protéger la marche de l'armée. Mais Geoffroy et le comte Amédée, au lieu d'exécuter exactement leur mission, une fois parvenus au sommet, descendirent la pente opposée et allèrent établir leurs tentes dans une vallée. Les turcs, maîtres des hauteurs voisines, se jetèrent aussitôt entre l'imprudente avant-garde et le gros des bataillons chrétiens. Leurs continuelles décharges de zagaies et de flèches jetèrent une effroyable confusion dans les camps des croisés. Hommes, chevaux, bêtes de somme glissaient à chaque instant le long des rochers, entraînant avec eux au fond de l'abîme tout ce qu'ils rencontraient dans leur chute.

« Le jour baissait, dit le chroniqueur, et le gouffre se remplissait de plus en plus des débris de notre armée. Le crépuscule accrut l'audace des musulmans, et ils attaquèrent enfin, le cimeterre au poing, l'ennemi qu'ils s'étaient d'abord contentés de harceler à coups de traits. Le centre de l'armée, où se pressait le pauvre peuple, dénué d'armes, frappé, massacré sans pouvoir se défendre, se mit à fuir comme un troupeau de moutons. Le roi, qui était en arrière, accourut et se précipita bravement dans la mêlée avec l'élite de ses chevaliers. Les musulmans réunirent tous leurs efforts contre cette troupe vaillante. Noyés dans les rangs épais des ennemis comme dans une mer, les chevaliers furent bientôt séparés les uns des autres, renversés et dépouillés; le roi, demeuré seul, et entouré par les turcs, abandonna son destrier, et, s'aidant des branches d'un arbre, il s'élança sur le haut rocher (1). » Là il recevait sur sa cuirasse les flèches lancées de loin contre lui, abattant de son glaive les têtes et les mains de ceux qui osaient approcher, mais il y serait infailliblement mort, si un gros de templiers, accourant du fond de la Palestine, sous les ordres du grand-maître Evrard des Barres, pour servir de guide aux

(1) H. Martin. *Hist. de France.*

chrétiens, ne fût arrivé comme par miracle et ne l'eût arraché aux mains de ses mains.

Louis VII, rendu prudent par une si terrible leçon, s'abandonna à l'expérience des templiers, accoutumés à chevaucher dans ces solitudes. Il n'eut point à s'en repentir. Après douze jours de marche, on arriva à Satalie sans nouvelles pertes, malgré les difficultés indicibles de la route et l'acharnement des turcs toujours occupés à harceler les flancs de l'armée. Là on trouva enfin quelque repos et des vivres à un prix exorbitant. Le roi donna de grosses sommes au gouverneur grec de la ville pour qu'il reçût et soignât ses malades, et, pressé d'arriver en Palestine, il en donna de plus forte encore pour obtenir qu'on le tranportât par mer, lui et ses chevaliers, jusqu'à Antioche. Malheureusement les galères étaient trop peu nombreuses pour embarquer tout ce monde. Grande foison de germe du même peuple n'y purent trouver place et moururent sous les murs de Satalie, ou apostasièrent pour avoir du pain. L'Occident n'oublia point ce souvenir, et le fit plus tard chèrement payer à l'empire grec.

Cependant le roi et les siens étaient débarqués, le 19 mars 1148, au port Saint-Siméon. Ils furent reçus à Antioche par Raymond de Poitiers, qui se trouvait être l'oncle de la reine Eléonore. Raymond insista auprès des croisés pour les garder dans ses états et les employer à la consolidation de sa propre puissance. Les caresses, les prières, les présents, rien ne fut épargné pour les retenir; mais Louis, qui considérait la croisade en pèlerin plutôt qu'en général d'armée, ne voulut point accéder à ses désirs. Il partit brusquement, en donnant aux siens l'ordre de le suivre, et ne s'arrêta plus qu'à Jérusalem (mai 1148).

—

IV. Son arrivée dans la Terre-Sainte excita un très vif

enthousiasme et ranima les espérances de la reine Mélisinde, dont le fils, devenu majeur, avait été couronné depuis trois ans sous le nom de Baudoin III. Ce jeune prince, élevé à l'école du malheur, ne manquait ni d'énergie ni d'intelligence. Il ne négligea rien pour gagner la confiance des croisés et presser la guerre qu'on devait faire aux musulmans. Un parlement fut convoqué à Ptolémaïs. Trois souverains y assistèrent : le roi de France, l'empereur d'Allemagne qui venait de revenir, et le jeune Baudoin III. Ils avaient autour d'eux les prélats et les croisés les plus illustres de l'Occident et de la Terre-Sainte. Malgré la faiblesse des ressources, il fut décidé qu'on attaquerait Damas, dont l'ancien sultan, ami des chrétiens, était mort, et dont le chef actuel inquiétait le nord de la Palestine.

Damas *(Elcham)*, assise au bord d'un fleuve, au milieu de jardins magnifiques, et métropole d'un commerce immense, était citée depuis longtemps comme un séjour de délices. Du côté de l'orient et du midi, elle était défendue par de hautes murailles, et vers le nord de l'occident, dans ses jardins touffus et sinueux, s'élevaient de place en place des murs de terre et de petites tours où l'on pouvait placer les archers (1).

Séduits par l'aspect riant de ces jardins, où l'on trouvait en abondance des fruits et de l'eau, les croisés, dans un conseil, résolurent de s'en emparer avant de bloquer la ville. L'entreprise était difficile et pleine de périls. Ils y réussirent néammoins, grâce à l'héroïque courage du jeune roi de Jérusalem et de ses chevaliers du Temple et de l'Hôpital. L'empereur d'Allemagne signala également sa bravoure à la manière des temps anciens en terrassant dans un combat singulier un musulman d'une taille gi-

(1) Tlemcen, dans nos possessions d'Afrique, présente un remarquable exemple de ce genre de fortifications.

gantesque, dont il coupa le corps en deux d'un seul coup d'épée, en présence des deux armées attentives. Ce commencement de succès eut dû enflammer l'ardeur des croisés. Au lieu d'en profiter pour précipiter les opérations du siége, ils perdirent un temps précieux à se partager la peau du lion avant de l'avoir abattu. Ces discussions amenèrent la mésintelligence ; quelques attaques malheureuses achevèrent de jeter le découragement parmi les chefs ; et, à la honte éternelle de cette armée, les chrétiens abandonnèrent sans l'avoir achevée une entreprise dont les préparatifs avaient soulevé l'Europe et l'Asie.

Après une si malheureuse tentative, ce fut en vain que dans le conseil des chefs quelques voix s'élevèrent pour proposer d'aller assiéger Ascalon. « Les esprits étaient aigris et les courages abattus. » L'empereur Conrad III ne songea plus qu'à retourner en Allemagne, où le pape, « pour le consoler de ses revers, lui donna le titre de défenseur de l'Eglise romaine. » Il partit le premier de Saint-Jean-d'Acre. Presque tous les seigneurs l'imitèrent, les uns dans l'automne 1148, les autres au printemps 1149. Le roi Louis VII resta encore en Terre-Sainte près d'un an, mais il n'y montra plus que la dévotion d'un pèlerin.

Son retour devait lui-même être signalé par un malheur. La désunion s'était mise entre lui et la reine Eléonore. Tant que son mari avait été le brillant capitaine, le roi entouré d'hommages, Eléonore l'avait aimé ; vaincu, elle n'éprouva plus pour lui que de la pitié. Elle oublia la majesté d'une reine. Elle s'accoutuma aux hommages empressés des seigneurs et des chevaliers. On dit même qu'elle manqua à ses devoirs. Le roi Louis VII s'alarma avec raison de ce changement. Il revint en Europe par l'Italie, en ramenant la reine ; mais ce retour fut triste, plein d'ennui de part et d'autre, sans plaisirs pour le roi ; si bien qu'au bout du voyage la reine et le roi de

France songèrent à se séparer par un divorce. Il se trouva, ce qu'on ne manquait pas alors de prouver, qu'ils étaient parents à un degré prohibé par l'Eglise. Le divorce fut prononcé, à la grande joie des deux conjoints. Cette séparation fut déplorable. Le roi renonçait non-seulement à la main de cette princesse, mais à ses domaines, c'est-à-dire au Poitou, au Limousin, au Bordelais, à l'Agenois, à l'Auvergne, au Périgord, à la Marche, car elle était fille et héritière du brillant Guillaume IX, le poète dont nous avons déjà parlé. On a beaucoup blâmé cette restitution qui fut l'origine de *la guerre de cent ans* entre la France et l'Angleterre, à qui Eléonore porta sa dot en épousant Henri II. Si elle est impolitique, elle montra au moins dans le roi de France une probité et une délicatesse dont les têtes couronnées se croient trop souvent exemptes.

—

V. Ainsi se termina la deuxième croisade. Elle fut loin d'égaler en résultat celle qui l'avait précédée. « Dans cette guerre aucun genre de gloire ne racheta les revers des chrétiens, » et aucun acte de politique ne put indiquer qu'ils avaient su profiter des fautes de leurs devanciers. « La première croisade avait eu deux caractères distinctifs : la piété et l'héroïsme; la seconde n'eut guère pour mobile qu'une pitié qui tenait plus de la dévotion que de l'enthousiasme. Le roi de France ne montra dans ses revers que la résignation d'un martyr, et sur le champ de bataille n'eut que le courage et l'ardeur d'un soldat. L'empereur d'Allemagne ne se conduisit pas avec plus d'habileté. Il perdit tout par une folle présomption, et pour avoir cru qu'il pouvait vaincre les turcs sans le secours des français. L'un et l'autre avaient des vues peu étendues, et manquaient de cette énergie qui produit les grandes actions »

On peut croire que le départ des croisés ne contribua pas peu à confirmer les sarrazins dans l'espoir de chasser bientôt complètement de Syrie ces chrétiens qui l'avaient conquise avec tant de difficultés. Le jeune Baudoin II., eût-il été animé des idées les plus vastes et du plus grand courage, n'était ni entouré ni secouru de manière à pouvoir les démentir. La prise et le pillage d'Edesse par Zenghi n'avaient point été vengés. Raymond de Poitiers, prince d'Antioche, avait été tué dans une bataille livrée près d'Apamée ; sa tête avait été envoyée au calife de Bagdad, et plusieurs places de sa principauté avaient ouvert leurs portes aux turcs. Le comte de Tripoli était mort assassiné par une main inconnue au milieu de sa capitale. Ainsi se fermaient peu à peu toutes les places chrétiennes qui pouvaient relier Jérusalem à Constantinople. A l'intérieur, des troubles d'un autre genre jetaient la désolation et le découragement parmi les sujets du royaume latin. La reine Mélisinde, femme ambitieuse, disputait ouvertement le trône à son fils, et les forces de l'Etat s'épuisaient dans les luttes intestines, sans profit pour le bien général.

Dans ces conjonctures les musulmans crurent le moment venu d'assiéger Jérusalem. Une armé vint camper jusque sur le mont des Oliviers. La ville ne dut son salut qu'à la bravoure des chevaliers du Temple et de l'Hôpital

La nouvelle qu'une flotte chargée de quinze mille pèlerins allait débarquer dans les ports de Jaffa et de Ptolémaïs rendit un peu de courage au roi Baudoin III ; et pour mettre un obstacle aux armes de Noureddin, fils de Zenghi, jeune prince dont la renommée croissait chaque jour, il résolut d'aller mettre le siége devant Ascalon.

Cette ville (*Djorra*), patrie de la célèbre Sémiramis, avait été autrefois un petit port sur la Méditerranée.

Depuis l'invasion des turcs elle avait pris, à cause de sa position, une importance assez grande; on l'avait fortifiée de murailles et de tours, et l'Egypte y envoyait quatre fois chaque année des vivres, des armes et des soldats. On se rappela que les chrétiens avaient déjà plusieurs fois inutilement dirigé leurs armes contre cette ville, le plus ferme boulevard de l'Egypte du côté de la Syrie.

Le siége fut conduit avec une grande ardeur. Après cinq mois de périls et de combats journaliers, les chrétiens étaient sur le point de voir le succès couronner leur entreprise, lorsqu'une flotte venue de l'Egypte faillit faire échouer leurs travaux. Mais leur ardeur redoubla avec le danger, et dans une dernière attaque, les templiers, à l'aide d'une tour roulante, construite et guidée par eux-mêmes, ayant pénétré dans la ville, l'armée entière entra sur leurs pas et chassa les infidèles d'Ascalon (1153).

Dans une autre rencontre, qui eut lieu quelque temps après, au gué de Jacob, entre les musulmans de Noureddin et les troupes du roi de Jésusalem, les chrétiens furent moins heureux, et peut-être Baudoin eut-il payé cher son imprudence, sans le courage de quatre-vingt-sept templiers qui aimèrent mieux se faire conduire en esclavage et massacrer, que de laisser leur roi tomber entre les mains des infidèles (1156).

La prise de Césarée, la victoire de Génésareth, le mariage de Baudoin III avec une fille de l'empereur de Constantinople, réparèrent les pertes du gué de Jacob et rendirent aux chrétiens leur supériorité. Une alliance avec les grecs pouvait avoir pour la prospérité du royaume latin des résultats incalculables. Les sarrazins le sentirent si bien qu'ils cherchèrent à s'opposer par la ruse à ce qu'ils n'avaient pu empêcher par les armes; et au moment où Baudoin venait de repousser une invasion de

turcs dans la principauté d'Antioche, il mourut empoisonné par un médecin syrien. Les excellentes qualités de ce prince lui avaient gagné l'affection de tous ses sujets; sa mort causa un deuil général (1163). Baudoin avait régné 21 ans.

VI. Amaury, deuxième fils de Mélisinde, que précédait une réputation méritée d'avarice et d'ambition, succéda à son frère. Il commença son règne par une expédition malheureuse en Eyypte, sous prétexte que la ville d'Ascalon n'avait pas payé son tribut, laissant ainsi non-seulement le trône, mais toutes les petites principautés voisines de Jésusalem exposées à l'ambition de Noureddin. Nul doute que cette imprudence n'eût amené de plus grands désastres, quand un hasard providentiel fit débarquer sur la côte de Syrie quelques bandes de guerriers flamands et aquitains, parmi lesquels se trouvaient Geoffroy de Lusignan, déjà célèbre par sa bravoure, et son frère Guy, que la fortune devait plus tard élever au trône de Jésusalem. Tout le zèle de ces nouveaux croisés suffit à grand'peine à conserver intacte la proie que le sultan de Damas ne cessait de convoiter et d'assaillir.

Aveugle autant qu'ambitieux, Amaury n'en persista pas moins dans ses projets sur l'Egypte. Il en avait ramené une première fois son armée à demi-ruinée. Il voulut absolument y revenir encore, en s'appuyant sur les secours que devait lui fournir une flotte grecque envoyée par son beau-frère l'empereur de Constantinople. Le siége de Damiette fut entrepris (1170), mais cette expédition fut encore moins heureuse que la première. Le fer et la famine firent bon marché des troupes latines qui furent obligées de se rétirer honteusement. Amaury, furieux de cette défaite, partit alors lui-même pour Constantinople, dans l'espoir sans doute d'obtenir de son allié de nouvelles troupes et de nouveaux trésors; l'empereur ne partagea pas ses projets. « Quand il revint dans ses états, il les trouva ravagés par un horrible tremblement de terre et menacés de toute part par les armes de Noureddin. » Il mourut peu regretté, après avoir passé sa vie à livrer des combats inutiles. Il avait porté la couronne onze années. Son fils Baudoin, quatrième du nom, lui succéda (1174).

—

VII. Il était impossible d'arriver au trône sous de plus fâcheux auspices qui accompagnèrent le couronnement de Baudoin IV. Une forte armée était nécessaire, et Amaury avait gaspillé la sienne. Le nouveau roi n'avait que treize ans, et il eut fallu un prince plein de force et d'énergie pour tenir tête au jeune héros autour duquel commençaient à se rallier toutes les populations musulmanes.

Saladin est le plus brillant et le plus populaire des héros sarrazins des croisades. Né parmi les tribus errantes du Kourdistan, il avait assisté encore enfant au siége de Damas par Louis VII, où un de ses frères fut tué. Sa famille appartenait à ces guerriers batailleurs qui n'ont d'ancêtres que leur épée. Il passa sa jeunesse au milieu des camps, nourri du récit des exploits des chrétiens et de la haine de leur culte. Sa supériorité militaire commença à se révéler par la conquête de l'Egypte qu'il fit en quelques mois, au nom de Noureddin, sur les anciens califes du Caire, et qu'il sut ensuite garder pour lui. La mort du sultan de Damas ouvrit bientôt à son ambition toutes les contrées qui obéissaient à son ancien maître. Il lui suffit pour les conquérir de faire disparaître un enfant de onze ans, seul héritier que Nourreddin laissât après lui. Une fois maître de la puissance de ce grand prince, il ne songea plus qu'à diriger ses efforts contre les colonies chrétiennes que ses états en enveloppaient.

L'historien Guillaume de Tyr, qui avait été chargé de l'éducation de Baudoin IV, s'étend longuement sur les heureuses dispositions de ce jeune prince qui, dès sa jeunesse, aimait la gloire, la vérité et la justice; mais ces qualités ne peuvent appuyer un trône que lorsqu'elles sont secondées par la force, la science et l'expérience de la vie. Au lieu de cela, le pauvre petit prince, dévoré par la lèpre, était condamné à ne jamais régner par lui-même.

La première rencontre de nos deux chefs si opposés de puissance et d'avenir eut lieu sous les murs de Ramla. Le résultat de cette bataille ne fut point favorable à Saladin. Les chrétiens enthousiasmés par la présence du bois de la vraie croix, qu'on portait aux milieu d'eux, firent des prodiges de valeur. Saladin perdit tous ses mameluks à robe de soie qui combattaient à ses côtés. La déroute des sarrazins fut complète, et le prince turc dut concevoir une étrange idée de ses adversaires, quand, le soir, arrivé à son camp, il vit un de ses rares prisonniers, le grand-maître du Temple, Odon de Saint-Amand, aimer mieux s'exposer à être scié en deux comme un tronçon de chêne que de se racheter, à quelque prix que ce fût, en disant qu'un templier devait vaincre ou mourir.

Malgré cette importante victoire, de tristes pressentiments agitaient les esprits. La maladie de Baudoin faisait des progrès rapides; il devenait de jour en jour moins apte à gouverner un état dont la guerre était l'aliment principal. « Ce malheureux prince, dit Michaud, aurait eu besoin que les hommes sages l'aidassent à gouverner; la voix publique lui en désignait plusieurs, mais la voix du peuple importunait le faible Baudoin, et toute réputation d'habileté lui portait ombrage : ainsi ceux qui pouvaient servir le royaume se trouvaient éloignés du gouvernement. Ce fut alors qu'un homme dont personne ne parlait parut tout-à-coup et se plaça sur les avenues du pouvoir suprême. Guy de Lusignan, arrivé naguère avec son frère Geoffroy dans la Terre-Sainte, avait élevé ses prétentions jusqu'à la fille d'Amaury, veuve du marquis de Montferrat. Guy, qu'on admirait pour sa grâce et sa beauté, finit par épouser la sœur du roi; et ce fut pour lui le chemin du trône de David et de Salomon. »

Saladin, après sa déroute de Ramla, s'était enfonce dans la Mésopotamie, sur les bords de l'Euphrate et du Tigre; mais, quoique absent, son nom régnait toujours comme un cauchemar sur l'esprit des chrétiens. On s'attendait à chaque instant à le voir reparaître avec de nouvelles forces. Il reparut en effet, en 1183; mais le malheureux Baudoin fut emporté par lo mort avant d'avoir pu se mesurer de nouveau avec lui (1184).

—

VIII. A son lit de mort, le roi lépreux avait désigné le fils de sa sœur, Baudoin V, issu du mariage de Sybille et du marquis Montferrat, pour régner après lui. Cet enfant, qui avait à peine huit ans, ne fit que passer sur le trône; il mourut subitement, en 1186. « On déposa ses restes dans le lieu où reposaient les cendres de Godefroy, et sa tombe fut la dernière tombe royale placée au pied du Calvaire. »

Sa mère héritait de lui. Malgré l'opposition des barons et les dernières volontés de Baudoin IV, qui, avant de mourir, avait maudit Guy de Lusignan, le patriarche de Jérusalem fit venir Sybille dans l'église du Saint-Sépulcre, et après avoir posé la couronne sur sa tête, il lui dit: « Vous êtes femme que vous ayez avec vous un homme qui vous aide à gouverner. » Celle-ci alors prit la couronne, et appelant son époux : « Sire, dit-elle, avancez et recevez cette couronne, car je ne saurais la donner à plus digne. » Et elle lui mit la couronne sur la tête. C'est ainsi que Guy de Lusignan, de simple gentilhomme, devint roi de Jérusalem.

L'avènement de ce prince, dont l'incapacité était généralement connue, jeta la consternation parmi les barons et les seigneurs. Plusieurs quittèrent la Palestine plutôt que de lui prêter hommage; les autres se rallièrent à lui, mais il fut facile de prévoir dès ce moment que la chutede Jérusalem était prochaine.

En effet, Saladin s'étant mis en campagne, et rencontré les troupes latines près de Nazareth, il battit complètement le petit nombre d'hommes accourus à sa rencontre, et laissa sur le champ de bataille cinq cents chevaliers du Temple et de l'Hôpital qui avaient fait pour se défendre des prodiges de valeur.

Dans une seconde rencontre près de Tibériade, après un combat qui dura deux jours, et où Lusignan fit des prodiges de maladresse, la vraie croix, qui était le *palladium* des chrétiens, tomba aux mains des infidèles; le roi, le prince d'Antioche, le prince de Tyr, furent faits prisonniers. Les grands-maîtres du Temple et de l'Hôpital furent impitoyablement mis à mort avec ceux de leurs chevaliers qui tombèrent aux mains du vainqueur (2 juillet 1187). Gauthier Vinisauf raconte que pendant les trois jours qui suivirent le massacre, un rayon miraculeux brilla sur les corps des martyrs.

Saladin n'était pas homme à laisser refroidir son épée victorieuse. Ptolémaïs ne lui résista que deux jours, Naplouse, Jéricho, Ramla ouvrirent leurs portes; Arsur, Joppé, Beyrouth, eurent le sort de Ptolémaïs et virent flotter sur leurs murailles les étendards jaunes du prophète; Ascalon essaya vainement de résister; sur le rivage de la mer il ne resta aux chrétiens que Tyr et Tripoli.

Au lieu de s'amuser à les soumettre, le héros musulman courut à Jérusalem. Arrivé devant la cité sainte, il manda auprès de lui les principaux des habitants, et leur dit : « Je sais comme vous que Jérusalem est la maison de Dieu ; je ne veux point la profaner par l'effusion du sang : abandonnez ses murailles, et je vous livrerai une partie de mes trésors. — Nous ne pouvons, lui répondirent-ils, vous céder une ville où notre Dieu est mort ; nous pouvons encore moins vous la vendre. » Ces nobles paroles ne firent qu'irriter le sultan ; il jura sur le Coran de renverser les murailles.

Un vieux guerrier, nommé Baléan d'Ibelin, avait été chargé par ses concitoyens d'organiser une suprême résistance. Tous ceux qui pouvaient porter une lance ou une flèche prirent les armes, et ces malheureux, certains de mourir, et résolus de ne pas survivre à la profanation du Saint-Sépulcre, s'encourageaient les uns les autres en répétant les paroles de l'Ecriture : Un seul de nous en fera fuir dix, et dix en mettront dix mille en fuite. » Leurs prodiges de valeur ne purent interrompre les progrès du siége. Quand ils virent que tout espoir était perdu, et qu'un mot de Saladin allait suffire pour effacer de terre la trace de leur ville, ils consentirent enfin à capituler. Cette grande calamité arriva l'an 1188 de notre ère. Chaque homme fut obligé de donner pour sa rançon dix besants d'or ; quatorze mille habitants demeurèrent esclaves faute de pouvoir payer cette somme. Saladin ne voulut point entrer dans la mosquée du temple convertie en église par les chrétiens sans en avoir fait laver les murs avec de l'eau de rose. Ses soldats abattirent une croix d'or qui s'élevait au-dessus du temple, la traînèrent par les rues jusqu'au sommet de la montagne de Sion, et la brisèrent. Une seule église fut épargnée, ce fut l'église du Saint-Sépulcre, que les syriens rachetèrent pour une somme d'argent.

TROISIEME CROÏSADE.

Publiée par Grégoire VIII, prêchée par Guillaume de Tyr (1187).

Philippe-Auguste et Richard-Cœur-de-Lion. — Siége de Ptolémaïs (Saint Jean-d'Acre). — Bataille d'Arsur. — Henri I de Champagne — Trêve avec Saladin.

I. La ruine de la ville sainte et du royaume fondé par Godefroy dans la chrétienté répandit une consternation inexprimable. De tous les points de l'Europe s'éleva un long gémissement. « Les cardinaux jurèrent d'aller à pied à la croisade en demandant l'aumône; les barons et les chevaliers se mirent à préparer leurs armes et leurs équipements; les troubadours et les trouvères entonnèrent le chant de la guerre sainte.

Le souverain pontife, Grégoire VIII, que venait de couronner la tiare, s'empressa de publier des bulles qu'il adressa à tous les princes chrétiens, et pour porter ces éloquentes missives, il choisit un martyr même de la croisade, l'illustre Guillaume, archevêque de Tyr, et auteur de la chronique la plus complète qui ait été écrite sur ces grandes expéditions.

Après avoir enflammé le zèle des peuples d'Italie, Guillaume se rendit en France, où il assista à une assemblée convoquée près de Gisors par Henri II, roi d'Angleterre, et le roi de France, Philippe-Auguste, pour régler entre eux quelques différends relatifs au Vexin. Le saint prélat, après avoir fait aux deux monarques la lecture des lettres pontificales, prit la parole, fit devant tous les grands des deux royaumes assemblés un tableau animé des désastres de Jérusalem, et termina par ces admirables paroles : « Pour arriver jusqu'à vous, j'ai traversé les champs du carnage; à la porte même de cette assemblée j'ai vu se déployer l'appareil de la guerre; pourquoi ces glaives dont vous êtes armés? Vous vous battez ici pour la rive d'un fleuve, pour les limites d'une province, pour une renommée passagère, tandis que les infidèles foulent les rives de Siloé, qu'ils envahissent le royaume de Dieu, et que la croix de Jésus-Christ est traînée ignominieusement dans les rues de Bagdad! Vous versez des flots de sang pour de vains traités, tandis qu'on outrage l'Evangile, ce traité solennel entre Dieu et les hommes! Avez-vous oublié ce qu'ont fait vos pères? Si vous avez laissé périr leur ouvrage, venez au moins délivrer leurs tombeaux qui sont au pouvoir des sarrazins.»

Il prêcha d'une manière si admirable, dit le chroniqueur Benoit de Péterborough, qu'il les détermina tous à prendre la croix, et que ceux qui étaient ennemis devinrent amis. Les rois de France et d'Angleterre s'embrassèrent en pleurant, et Henri II, qui avait sur la conscience le meurtre de l'archevêque Thomas Becket, fut le premier à demander la croix. Le roi Philippe se croisa ensuite avec Richard-Cœur-de-Lion, duc de Normandie, Philippe, comte de Flandre, Hugues, duc de Bourgogne, Henri, comte de Champagne, Thibaut, comte de Blois, le vicomte de Narbonne, le duc de Couci, les deux frères Mathieu et Jocelyn de Montmorenci, et plusieurs prélats français et anglais. L'assemblée entière répétait sans cesse ces mots : *La croix ! la croix!* Et ce cri de guerre retentit de là dans toutes les provinces. L'empereur Frédéric Barberousse, qui, comme simple baron, avait déjà accompagné Conrad, son oncle, dans la précédente expédition, se croisa quelques semaines après, à Mayence, avec la plupart des gentilshommes de ses états (1188).

L'enthousiasme fut tel, que, pour subvenir aux frais de la route, il fut décidé, dans une assemblée générale tenue à Paris, que chacun de ceux qui ne se croiseraient pas fut-il élève, bourgeois, noble ou manant, donnerait cette année la dixième partie de son mobilier et de ses revenus. Cette dîme fut dite *Saladine*, parce qu'elle était levée pour combattre Saladin, et, bon gré, mal gré, chacun paya, malgré les réclamations du théologien Pierre de Blois, archevêque de Bath.

Néanmoins les préparatifs furent retardés pendant près d'une année par de nouveaux démêlés entre la France et l'Angleterre. Pendant ce temps le roi Henri II mourut ; son fils Richard lui succéda, et ce prince, qui était l'ami du roi de France, et son vassal pour les duchés de Normandie et de Guyenne, eut avec lui, à Nonancourt, une entrevue (1189) dans laquelle il fut décidé que les deux armées allaient se mettre en campagne simultanément. En effet, Philippe prit la route de Gênes, et Richard celle de Marseille, après être convenus que les deux armements se réunissaient à Ratisbonne pour prendre la route de l'Asie-Mineure, par le Danube et Constantinople, sous les ordres de Frédéric Barberousse.

—

II. Richard portait en lui-même toutes les passions de son temps : l'audace aveugle, l'énergie sans frein, l'ambition sans but, le besoin d'action, de mouvement d'éclat; je ne sais quoi de fier et d'indompté qui plaît d'autant plus aux multitudes qu'elles ont obéi plus longtemps à des esprits de sang-froid. C'est le roi féodal par excellence, c'est-à-dire l'aventurier le plus héroïque, le plus hardi de l'époque féodale.

A côté de lui, Philippe-Auguste, prince courageux, mais fin, habile politique autant que bon soldat, moins enthousiaste, plus accessible à la raison, moins grand héros peut-être, mais plus grand prince, faisait un contraste étrange de caractère dont il n'est point sans intérêt de suivre les divers résultats.

En partant le premier il laissait son royaume à l'administration de Guillaume de Lonchamp, qu'il créa régent, le second confiait le sien à sa mère Adèle et à son oncle le cardinal de Champagne.

La Sicile était alors gouvernée par Tancrède, heureux aventurier qui s'était emparé de la couronne après la mort du dernier souverain. Il eut volontiers renoncé à l'honneur de recevoir des hôtes que leur puissance rendait fort dangereux; mais il était normand, et avait à régler avec la famille de Richard quelque vieux compte qui l'empêcha d'élever la voix. Les mauvais temps retinrent les deux armées pendant tout l'hiver en Sicile Deux hommes tels que les rois de France et d'Angleterre étaient incapables de vivre ensemble en bonne intelligence pendant toute une saison. Jaloux l'un de l'autre, ils s'étudièrent néammoins à cacher leurs véritables sentiments. Le roi de France se montrait en toute circonstance grave et simple. Le roi d'Angleterre ne cessait d'étonner par ses prodigalités.

Malgré la prudence de Philippe-Auguste, la dissension qui les divisait faillit éclater avant le temps. Richard avait offert sa main à Bérengère, fille de don Sanche, roi de Navarre; Philippe fit valoir aussitôt les droits de sa sœur, Alix, fiancée depuis longtemps au roi d'Angleterre. Richard déclara qu'il n'épouserait jamais une femme à laquelle il avait été fiancé au berceau, et sans son consentement. Le roi de France insista; mais, au bout de quelque temps, il se laissa vaincre et se désista pour une somme de dix mille marcs.

Quelques jours après, le roi de France fit voile pour la Palestine. Richard, qui attendait sa mère Eléonore et sa fiancée, ne put le suivre. Il débarqua en Terre-Sainte, le 13 avril 1191, avec une armée de plus de cent mille hommes. Il trouva toutes les forces du royaume latin réunies devant Ptolémaïs.

—

III. La capitulation qui suivit la prise de Jérusalem par Saladin avait rendu la liberté à Guy de Lusignan. A peine sorti de sa captivité (1189), ce prince, pour faire oublier sans doute sa conduite passée, chercha l'occasion de relever un trône où la fortune l'avait un moment fait asseoir. Il se présenta d'abord devant Tyr, mais cette ville ne voulut pas le reconnaître. Apprenant alors que des croisés teutons, en grand nombre, arrivaient à travers des périls de tout genre, et malgré les lâches perfidies de l'empereur de Constatinople qui avait promis à Saladin de couper les ailes à la victoire, il courut au-devant d'eux. Il les trouva dans la désolation. L'empereur Frédéric Barberousse, ce vieux et noble guerrier qui avait assisté à quarante batailles et remporté presque autant de victoires, étant mort englouti dans les eaux de Selef en essayant de traverser cette rivière à la nage. Son fils, Frédéric de Souabe, qui avait pris le commandement des pèlerins, n'avait pu poursuivre sa route qu'à travers les embûches journalières du sultan de Damas. Voyageant lentement, la nuit, et obligé de se battre tout le jour, il avait perdu plus des trois quarts de son armée sous les flèches ennemies et dans les défilés des montagnes. Enfin la maladie, cette calamité, la plus redoutable de toutes pour les armées en campagne, avait décimé le reste. Guy se trouva encore trop heureux de ramasser les débris de cette puissante troupe, et à sa tête il courut mettre le siége devant Ptolémaïs (1189).

Ptolémaïs (Saint-Jean-d'Acre), qui avait déjà été, comme je l'ai dit, prise et reprise par les musulmans et les chrétiens, était un port très important à l'époque des croisades. Elle était bâtie à l'occident d'une vaste plaine, et comme Tyr, sa voisine, méritait de régner sur la mer. La place était parfaitement fortifiée du côté de la terre par des fossés profonds et de nombreuses tours, parmi lesquelles on remarquait la *tour des Mouches* et la *tour Maudite;* et, du côté de la mer, une digue de pierres mettait son port à l'abri des surprises.

L'importance de l'entreprise de Guy de Lusignan ne tarda pas à rallier autour de lui les croisés qui arrivaient journellement d'Europe; c'était sur toute cette plage un mouvement infini. On y voyait flotter les bannières du landgrave de Turinge, du duc d'Antioche, des comtes de Champagne et de Bar, des sires de Nesle et de Montmorency. Enfin le siége durait depuis deux ans lorsque le roi de France arriva avec sa puissante armée.

Ce secours merveilleux, qui réunissait, disent les historiens, près de trois cent mille hommes dans un seul camp, fit trembler Saladin. Il accourut en hâte, traînan après lui tout ce qu'il avait pu ramasser d'hommes valides dans ses immenses états, et assit son camp en face de celui des croisés, sur la colline de Kisan. Chaque jour c'était des batailles et des combats qui eussent suffi, en temps ordinaire, pour décider de la destinée du monde, mais que l'immense masse des deux armées rendait inutiles. Cependant il était facile à prévoir que les chrétiens finiraient par avoir le dessus, et Guy se flattait déjà de remonter bientôt sur le trône de sa femme Sybille, lorsque celle-ci mourut sans laisser d'enfants. L'héritage de Sybille revenait à sa sœur Isabelle, seconde fille de Baudoin IV. L'ambitieux Conrad de Montferrat l'épousa presque de force, après avoir fait rompre un premier mariage contracté par elle avec Eufroy de Turenne, et cette union, qui semblait donner un air de justice aux prétentions du Montferrat, amena de nouvelles dissensions qui brouillèrent tout.

—

IV. « Le roi Richard arriva le 8 juin 1191, après avoir conquis, chemin faisant, l'île de Chypre sur un prince grec, Isaac Comnène, qui prenait fastueusement le titre d'empereur. Philippe avait promis d'attendre Richard pour emporter d'assaut ou accorder une capitulation à la garnison. Il tint parole, malgré les retards du roi d'Angleterre ; mais Richard lui en sut peu de gré, et son arrivée ne fit qu'augmenter les discordes qui troublaient sans cesse le camp. Ce n'étaient que querelles entre Philippe et Richard, entre les ordres du Temple et de l'Hôpital, entre les Génois et les Pisans, entre Guy de Lusignan et Conrad de Monferrat, entre Richard et tout le monde (1). Philippe avait pris la cause du roi de Jérusalem ; c'en fut assez à Richard pour prendre celle du prétendant. Dès lors le désordre fut à son comble.

Cependant la garnison turque de Ptolémaïs s'affaiblissait tous les jours. Les soldats de Saladin, dans leur camp, et les chrétiens sous leurs tentes, s'impatientaient de ne pas combattre. Le 4 octobre (1119) une action décisive fut engagée. Tous les chevaliers d'Occident marchaient en grand appareil de guerre ; le clergé lui-même avait pris les armes. Saladin, de son côté, s'était préparé

(1) Martin. *Histoire de France.*

par la prière à une lutte qu'il sentait dangereuse pour lui. Au signal donné, les deux armées s'attaquent, se pressent, se confondent, et le vaillant comte de Bar pénètre jusque dans la tente du sultan.

A ce spectacle, les Sarrazins fuient ou feignent de fuir. Les croisées se répandent dans le camp et se dispersent pour le pillage. Alors les musulmans reviennent, se rallient à la voix de leur chef, tombent sur les chrétiens isolés, et à leur tour en font une boucherie atroce. Dans cette plaine foulée pendant le combat par plus de deux cent mille guerriers, on ne vit plus, le lendemain, que des oiseaux de proie et des loups attirés par l'odeur du carnage et de la mort.

Dans les deux immenses armées qui étaient en présence, cette trouée de la mort ne parut presque pas. Mais comme l'hiver approchait, Saladin se retrancha sur la montagne de Karouba, et les chrétiens se mirent à fortifier leur camp au bord de la mer, entourant Ptolémaïs d'une ligne de plus en plus redoutable.

Après la saison des pluies Saladin reprit son camp d'été, et les combats recommencèrent. Il se faisait de part et d'autre des efforts inouïs pour prendre et pour sauver Acre. « Tout ce qu'on savait d'art militaire, dit M. Michelet, fut mis en jeu dans le siége; la tactique ancienne et la féodale, l'européenne et l'asiatique, les tours mobiles et les feux grégois, toutes les machines alors connues. »

Cependant les chaleurs de l'été étaient venues, traînant à leur suite une foule de maladies, la disette d'eau et de vivres. Le siége durait depuis trois ans; il était temps d'en finir. Les habitants se résolurent à capituler. « Il fut convenu que la garnison demeurerait quarante jours en ôtage entre les mains des vainqueurs, et qu'au bout de ces quarante jours, si Saladin ne la rachetait pas en remettant aux chrétiens la vraie croix, deux cents chevaliers et quinze cents autres captifs de moindre condition, avec deux cent mille besants d'or, les prisonniers musulmans seraient à la discrétion des rois chrétiens. » Ainsi finit ce fameux siége d'Acre, qui est l'époque la plus brillantes de2 âges chevaleresques, et pendant lequel, en mille occasions, les musulmans et les chrétiens rivalisèrent non-seulement de courage, mais de courtoisie et de générosité (août 1491).

—

V. La conquête de Ptolémaïs fut saluée avec ivresse par toutes les nations chrétiennes comme le prélude de la délivrance de Jérusalem. Mais la joie publique fut bientôt troubée par la nouvelle que le roi de France se préparait à quitter l'armée. Ce fut en vain que tous les chefs de la croisade le pressèrent de changer de résolution. Après avoir juré de ne point envahir les domaines de Richard, il fit ses adieux à la Terre-Sainte. Beaucoup de raisons concouraient à déterminer cette manière d'agir. Une dangereuse maladie avait altéré sa santé : plus de la moitié de l'armée qu'il avait consacrée à l'expédition s'était perdue dans des querelles particulières. Depuis sa réunion avec le roi dAngleterre ils ne s'étaient jamais franchement secourus l'un l'autre; et tel était le caractère de Richard, que son ambition et ses emportements ne laissaient d'autre alternative que d'en venir ouvertement aux mains ou de se soumettre à ses caprices. La situation étant ainsi donnée, Philippe comprit qu'il servirait mieux la croisade en se retirant qu'en restant. Il se retira donc et se contenta de laisser dix mille hommes, sous le commandement du duc de Bourgogne. Il mit à la voile, le 31 juillet, pour Otrante, sur trois galères génoises, et se rendit à Rome pour y conférer avec le pape Célestin III, qui le consola de ses déboires en lui permettant de porter des palmes et la croix, insignes de ceux qui avaient accompli leur vœu, quoiqu'il n'eût pas visité le Saint-Sépulcre.

Resté seul roi de la croisade, Richard redoubla de fierté et de hauteur, comme aussi d'imprudence. Un jour, le duc d'Autriche, qui s'était rendu maître d'une forteresse dans la ville d'Acre, ayant arboré son pennon sur une tour, Richard en fureur prétendit que lui seul avait ce droit; et, sans ménagements, il fit arracher la bannière ducale et la fit jeter dans un égoût. Le duc d'Autriche, trop faible pour se venger sur-le-champ, n'oublia pas cet outrage. A quelque temps de là, comme Saladin ne payait pas les deux mille besants qu'on avait promis en son nom, et qu'il ne rendait pas le bois de la croix, Richard fit égorger, en avant du camp, deux mille sept cents prisonniers musulmans qui étaient en son pouvoir; barbarie odieuse, et qu'aucune convention ne pouvait excuser.

Cependant les croisés victorieux goûtèrent quelques mois, dans Ptolémaïs, un repos qu'ils n'avaient pas connu depuis leur arrivée sur les côtes de Syrie, « Les plaisirs de la paix, l'abondance des vivres et le vin de Chypre leur firent oublier un moment le but de leur entreprise, sous prétexte de réparer les fortifications démantelées de la ville. Mais chaque soir un héraut proclamait, au milieu du peuple, ces paroles : « Le Saint-Sépulcre ! » On finit par se rappeler que Jérusalem était le but principal de la croisade, et de Ptolémaïs fut laissée à la diligence de son gouverneur.

Pendant six jours l'armée marcha pour gagner Césarée par des chemins étroits, serpentant dans des lieux difficiles, au milieu desquels les émissaires de Saladin, pareils à ces mouches importunes dont l'essaim s'envole quand on les chasse et reparaît quand on les a chassées, ne cessaient d'errer autour de l'armée, montés sur de petits chevaux arabes, et cherchant à les surprendre et à les harceler.

De Césarée à Arsur une nouvelle troupe, commandée par le frère de Saladin lui-même, s'attacha à leurs pas, marchant quand ils marchaient, s'arrêtant quand ils s'arrêtaient, et chaque soir campant en face d'eux, de manière à ne jamais les perdre de vue.

Enfin ils arrivèrent dans une plaine où deux cent mille musulmans attendaient l'armée chrétienne pour lui livrer bataille. Sans perdre de temps, le roi Richard se prépara au combat. Il avait d'abord ordonné aux siens de continuer leur marche en rangs serrés, et d'attendre pour commencer l'attaque le signal de ses trompettes; mais les chevaliers n'y purent tenir. En un instant la mêlée devint générale, et les scènes de carnage s'étendirent depuis la mer jusqu'aux montagnes. On combattit de part et d'autre avec un si grand courage, que les deux armées ne se séparèrent qu'après avoir éprouvé l'une et l'autre les pertes les plus sensibles. Dans chaque camp on comprenait que le résultat de toute la croisade était en jeu. Et Saladin eût eu la victoire, aucune ville de Syrie ne fût restée chrétienne. Si les francs avaient profité de leur avantage, la Syrie entière échappait à la puissance musulmane. On se sépara sans que la fortune eut prononcé.

Au lieu de courir à Jérusalem, Richard fut d'avis de s'arrêter à relever les murs de Joppé. C'était pendant les beaux jours de l'automne : les gens affaiblis, les malades devaient se remettre dans les jardins dont cette ville est entourée, sous les treilles, au milieu des arbres qui courbaient sous le poids des figues et des oranges. On y perdit un temps précieux,

Les destructeurs de Joppé avaient aussi rasé Ascalon, Ramla, Latroun, Gaza, tous les châteaux bâtis dans les montagnes de Judée. Le roi d'Angleterre voulut qu'on s'arrêtât à réparer toutes ces murailles, à mettre en état toutes ces forteresses. Enfin il annonça le projet de marcher sur Jérusalem.

« On était au milieu de l'hiver, les pluies faisaient périr un grand nombre de bêtes de somme, l'orage renversait les tentes, les chevaux mouraient de froid, les vivres se gâtaient et devenaient rares, les armes et les cuirasses se couvraient de rouille, les vêtements des croisés tombaient en lambeaux ; mais l'espoir de revoir bientôt la cité de Jésus-Christ soutenait les courages. »

Au moment d'atteindre le but tant désiré et de risquer un assaut qui peut-être eût remis les chrétiens en possession du Saint-Sépulcre, une raison que l'histoire n'a jamais osé approfondir fit tout-à-coup changer les desseins de Richard, et il décida d'aller rebâtir Ascalon. Cette résolution gâta tout. La dissension se mit parmi les hommes d'armes. Richard lui-même, préoccupé de la nouvelle que le roi Philippe-Auguste s'était uni avec son frère Jean-sans-Terre pour le dépouiller, tomba malade; et profitant de ces raisons qui pouvaient suffire pour laisser ignorer les secrètes menées dont on l'accuse de s'être laissé circonvenir par Saladin, il signa avec lui une trêve de trois ans, trois mois et trois jours, qui assurait aux chrétiens les places occupées par eux, et leur permettait de visiter le Saint-Sépulcre. Tel fut le résultat de l'immense effort de l'Europe (10 août 1192).

Comme le marquis de Montferrat était mort assassiné dans les derniers mois de la guerre, Richard remit la couronne latine à son neveu Henri de Champagne, qu'il avait marié en troisièmes noces à Isabelle, la veuve du prétendant, après avoir fait accepter à Guy de Lusignan le royaume de Chypre en échange de son titre sans apanage.

Le vaisseau qui devait ramener le roi d'Angleterre en

Europe fit naufrage sur la côte de Zara. Sachant que tous les princes de l'Europe le regardaient comme leur ennemi, et un peu poussé par l'esprit aventureux qui dominait son caractère, il conçut l'étrange projet de traverser toute l'Allemagne sous un habit de pèlerin, et d'arriver ainsi inconnu dans son royaume d'Angleterre. Mais il fut découvert dans une auberge d'Autriche, comme il était occupé à tourner la broche chargée de venaison. Le duc, qui n'avait point oublié l'affront fait à sa bannière, le fit saisir et le vendit à l'empereur d'Allemagne Henri IV, fils et successeur de Barberousse, qui l'enferma dans le château de Tyernsteing (1192). Il y resta deux ans, fut reconnu, dit-on, par un troubadour, et rendu à la liberté moyennant rançon, au mois de février 1194. Il débarqua à Sandwich, brûlant du désir de se venger de ses ennemis de France et d'Angleterre,

Ce prince, qui avait rempli l'Europe de sa renommée, laissa en Asie un souvenir impérissable. Longtemps après sa mort, quand un cheval tressaillait, les sarrazins disaient qu'il avait vu l'ombre de Richard.

Saladin survécut peu au départ de son illustre rival. Il mourut en 1193, et ordonna qu'on portât un linceul au bout d'une lance le jour de ses funérailles, et qu'un hérault criât à haute voix : *Saladin, dompteur de l'Asie, de toutes les richesses qu'il a conquises, n'emporte que ce manteau*

—

1. Le prince à qui la main d'Isabelle apportait le titre de roi de Jérusalem se trouva, après le départ de son bienfaiteur, à la tête d'un royaume sans capitale et sans armée, qui n'avait plus d'autre sauve-garde que la parole d'un barbare. Peu soucieux de son titre de roi, et uniquement préoccupé du désir de déposer sa lourde cou-

ronne pour revenir vivre en paix dans sa patrie, Henri I ne prêta qu'une attention médiocre aux révolutions dont la mort de Saladin fut le signal parmi les musulmans, et au partage que firent ses héritiers. Il y avait cependant dans ces discordes un élément dont un prince plus adroit eut su tirer parti au profit de son royaume. Détruire ses ennemis les uns par les autres a toujours été le grand principe des gouvernements. Saladin laissait un frère et dix-sept fils, sans avoir songé à régler entre eux l'ordre de succession. Il en résulta les plus grands désordres. Enfin, après des tiraillements sans nombre, Afdal, l'un d'eux, se fit proclamer sultan de Syrie, avec Damas pour capitale. Jérusalem fit partie de son héritage. C'était un prince tout entier livré à ses plaisirs, qui ne tarda pas à s'attirer le mépris de ses sujets. Une suite de conspirations, dont il serait trop long de rappeler ici le détail, l'ayant précipité du trône, son oncle, Malek-Adel, homme ambitieux et rusé trouva moyen de se glisser à sa place. Malheur immense pour les chrétiens ! car Malek-Adel avait déjà combattu longtemps sous les bannières de Saladin, et sa réputation pouvait rallier autour de lui des fanatiques nombreux qui, après l'expiration de la trêve, ne manqueraient pas de chasser les croisés de Syrie. Tous ces événements s'accomplirent sans que l'indolent Henri semblât s'en préoccuper. Mais la Providence, qui veille au sort des empires qui l'adorent, préparait aux chrétiens d'Orient des secours inattendus

QUATRIÈME CROISADE.

Publiée par Célestin III, prêchée par tous les évêques (1196).

Henri VI. — Prise de Joppé. — Bataille de Sidon. — Siége de Thoron. — Bataille de Joppé. — Amaury II de Lusignan. — Trêve conclue avec Malek-Adel.

I. La mort de Saladin avait répandu la joie dans l'Occident; mais Jérusalem était toujours esclave. Ce fut de cette noble considération que le vieux pape Célestin III, qui avait déjà prêté un si actif concours aux guerriers de la troisième croisade, s'appuya pour en publier un quatrième, dont le succès put lui permettre de ne point terminer sa vie et son pontificat sans avoir eu la consolation de saluer la liberté de la maison du Seigneur.

S'inspirant de son propre zèle, et cette fois sans attendre les sollicitations des chrétiens de Syrie, il écrivit à tous les archevêques et évêques pour leur prescrire de prêcher la croisade dans leurs diocèses. « Nous espérons, et vous devez espérer, leur disait-il, que Dieu jettera le filet pour la pêche miraculeuse. » Les évêques se mirent aussitôt en campagne, et ce ne fut plus dans les carreours, au coin des places, ni dans les grandes réunions politiques que la voix des prédicateurs de la croisade se fit entendre; c'est du haut même de la chaire de vérité, depuis les cathédrales jusqu'aux humbles églises de campagne, que le récit des souffrances de la Terre-Sainte, et la promesse des indulgences et des bénédictions du Saint-Siége vinrent réveiller la piété des fidèles.

Dans les circonstances présentes, il ne fallait rien moins qu'une pareille réunion d'efforts et d'influences pour faire revivre l'esprit de la croisade. Le Saint-Sépulcre, sans être libre, n'était plus fermé aux chrétiens, une trève assurait, pour quelques années au moins, aux populations latines de Syrie, une tranquillité relative et un bien être dont elles n'avaient pas joui depuis longtemps. Les pèlerins d'Occident qui avaient pris part à la troisième croisade étaient à peine remis de leurs fatigues toutes les familles saignaient encore de la perte de ceux de leurs membres qui avaient succombé dans les plaines de Ptolémaïs, de Césarée ou d'Arsur. Parmi les princes chrétiens, Richard-Cœur-de-Lion, à peine sorti de captivité, avait assez à faire de se tenir en garde contre les attaques de son frère et de Philippe-Auguste; le roi de France n'avait pas moins à redouter de l'humeur vindicative et jalouse de Richard; les princes italiens étaient en guerre contre l'Allemagne, et l'empereur germain lui-même était excommunié.

Ce fut cependant en Allemagne que la voix des prédicateurs de la croisade trouva plus d'écho. Depuis le commencement de la guerre sainte, l'Allemagne n'avait jamais manqué de fournir son contingent à chaque nouvelle expédition, et chaque fois le zèle de ses preux avait été dépensé sans gloire et sans profit. La noblesse de l'empire avait à cœur de forcer la fortune à réparer cette injustice, et les seigneurs germains se croisèrent cette fois d'autant plus volontiers qu'ils étaient presque seuls à conduire une expédition qui devait les mener à la renommée.

De son côté, l'empereur Henri VI, héros ambitieux, dont l'imagination était pleine des souvenirs de l'ancien empire romain, recherchait avidement les occasions d'accroître son autorité. Il ne vit dans l'invitation du Saint-Père qu'un moyen d'accomplir ses desseins, et oublia l'excommunication fulminée contre lui l'année précédente. Il convoqua une diète à Worms et harangua lui-même ses barons pour les entraîner à la croisade. « Son éloquence, célébrée par les historiens du temps, et surtout le spectacle qu'offrait un grand empereur prêchant lui-même la guerre contre les infidèles, firent une vive impression sur la multitude des auditeurs. Tous les grands de l'Etat prirent la croix et résolurent de suivre leur souverain en Syrie.

—

II. Parmi les principaux seigneurs qui se croisèrent, l'histoire distingue le comte de Montfort, qui dans la suite, devait sauver le midi de la France de l'hérésie des Albigeois, Henri de Saxe, Othon, marquis de Brandebourg, Henri, comte paladin du Rhin, Herman, landgrave de Thuringe, Henri, duc de Brabant, le duc de Bavière, le duc d'Autriche, le marquis de Moravie, le prince de Limbourg, sans compter un nombre considérable d'évêques, d'abbés, et même une princesse, Marguerite de Hongrie, sœur de Philippe-Auguste, qui, après avoir perdu son époux, avait fait vœu de consacrer sa vie à Jésus-Christ et de conduire ses sujets dans la Terre-Sainte.

L'empereur avait d'abord manifesté l'intention de se mettre à la tête de l'expédition; mais quand vint le moment du départ, il changea de résolution; et après avoir embarqué dans un des ports de la Baltique une partie des pèlerins, ous les ordres des ducs de Saxe et de Brabant, et acheminé les autres vers Constantinople, par l'ancienne route du Danube, sous la conduite de l'archevêque de Mayence et de Valeran de Limbourg, il partit lui-même pour l'Italie, à la tête de quarante mille hommes, sous prétexte que la sûreté de l'empire demandait qu'il mît un terme à ses dissensions avec la Sicile avant de se rendre en Terre-Sainte.

Le détachement qui avait pris par Constantinople arriva le premier en Syrie. Il débarqua à Saint-Jean-d'Acre en 1197. « Ce fut, dit un historien, avec un étonnement mêlé de terreur que les chrétiens d'Orient apprirent le débarquement de leurs frères. La trève de Saladin, dont le nouveau sultan, Malek-Adel, avait accepté les conditions, quoiqu'elle n'eût pas produit tous les résultats qu'on s'était promis, avait cependant amélioré les conditions, et ils n'auraient voulu recommencer les hostilités qu'avec quelque espoir de succès. Les nouveaux venus, au contraire, pleins de zèle et d'ardeur, brûlaient du désir de se mettre en campagne. Il en résulta entre le paisible roi Henri et les chefs de l'expédition quelques paroles aigres qui ne firent qu'envenimer les passions opposées.

Un jour on apprit subitement que les croisés allemands étaient sortis en armes de la ville et avaient commencé les hostilités en ravageant les moissons des turcs. Malek-Adel, informé de cette violation des traités, se mit aussitôt en armes. De tous les points de la Syrie on vit accourir une foule d'émirs qui, faisant trève à leurs querelles particulières pour repousser l'ennemi commun, venaient se ranger sous les drapeaux de l'illustre rempart du Prophète.

L'armée musulmane se porta d'abord sur Jérusalem ; et ayant eu facilement raison des chrétiens qui s'étaient avancés vers les montagnes de Naplouse, elle vint assiéger Jaffa *(Joppé)*, que Richard-Cœur-de-Lion avait fortifiée dans la croisade précédente. La possession de cette ville était d'autant plus importante que c'était la forteresse la plus voisine de Jérusalem. Le roi Henri, qui avait refusé d'ouvrir la campagne, n'hésita pas à se mettre à la tête de ses barons quand il vit Joppé menacée. Mais au moment de courir aux armes la mort l'arrêta. Il tomba d'une fenêtre de son palais et expira sans qu'on put lui porter secours. Ses compagnons d'armes, au lieu de le suivre au combat, le conduisirent au tombeau. Avant qu'on eut le temps de pourvoir à sa succession, la renommée annonça à Ptolémaïs que la garnison de Joppé ayant voulu faire une sortie de nuit, était tombée entre les mains de l'ennemi qui s'était emparé de la ville et avait passé vingt mille chrétiens au fil de l'épée (1197).

Ce succès enhardit Malek-Adel et l'engagea à se porter au-devant des croisés. Les chrétiens, de leur côté, reçurent sur ces entrefaites les bandes embarquées avec les ducs de Saxe et de Brabant sur la Baltique ; et renforcés par ce secours, ils ne demandaient plus qu'une occasion de venger le massacre de Joppé. Les deux armées se rencontrèrent entre Sidon et Tyr. Le combat s'engagea et la victoire fut longtemps indécise. Toute la campagne était couverte de cadavres, et les flots d'une petite rivière que traverse cette plaine furent rougis de sang. Enfin une blessure que reçut Maleh-Adel fut pour les musulmans le signal du désordre et de la fuite. La victoire resta aux chrétiens.

Ce premier triomphe en amena plusieurs autres. Beyrouth, qui est un port important, entre Jérusalem et Tripoli, leur ouvrit ses portes. Ils y trouvèrent, outre de nombreux approvisionnements, neuf mille Européens captifs auxquels ils rendirent la liberté. Sidon, Laodicée, Giblet, suivirent le même exemple. Bientôt les musulmans ne conservèrent plus sur la côte que la forteresse de Thoron, située à une lieue de Tyr. « Alors Sion tressaillit d'allégresse, et les enfants de Juda furent remplis de joie. »

Tandis que la bannière des croisés triomphait ainsi en Palestine, l'empereur Henri VII s'emparait de Naples et de la Sicile. Lorsque son ambition fut satisfaite, ne se sentant point de goût pour aller guerroyer lui-même à la tête de la croisade, il voulut cependant laisser accomplir le vœu des pèlerins qu'il avait détournés de leur route, et une troisième troupe de croisés, sous les ordres de l'évêque de Hidelsheim, chancelier de l'empire, vint redoubler l'ardeur des chrétiens.

—

III. C'était le moment pour les croisés de signaler leurs armes par une grande entreprise. Quelques-uns des chefs proposèrent de marcher sur Jérusalem. Sous prétexte que la ville était entourée de fortifications redoutables, et que l'hiver était prochain, leur voix ne fut pas écoutée. Le voisinage de la mer attirait ceux que l'ambition plutôt que la piété avait conduits en Palestine. On se contenta, pour achever la campagne, d'aller investir Thoron. Cette forteresse, entourée d'ouvrages imprenables, n'avait qu'une importance stratégique très secondaire dans les circonstances présentes. On perdit sous les murs un temps précieux sans même parvenir à s'en emparer. La division s'était mise parmi les chefs, la corruption parmi les habitants. Quand la garnison avait demandé à capituler en disant : « Nous ne sommes pas sans religion, nous descendons d'Abraham ; nous nous appelons Sarrazins, de son épouse Sara. » on avait répondu : « Défendez-vous, car si vous vous rendez, vous périrez tous au milieu des supplices. » Et le siége avait continué.

Sur ces entrefaites, le bruit se répandit que Malek-Adel, suivi d'une innombrable multitude de guerriers s'avançait à grandes journées pour laver dans le sang la honte de sa dernière défaite. Les chrétiens à leur tour tremblèrent; ils levèrent honteusement le siége et se retirèrent en si grand désordre que bon nombre de leurs blessés et de leurs malades tombèrent entre les mains des infidèles. Pour comble de malheur, un orage s'en mêla. La pluie et le tonnerre aveuglèrent les soldats; leur retraite devint une véritable fuite. Ils ne s'arrêtèrent qu'en apercevant les murailles de Tyr, d'où ils gagnèrent les uns Joppé, les autres Ptolémaïs (1198).

Malek-Adel, qui était aux environs de Joppé, présenta la bataille aux allemands. Dans cette affaire comme dans celle de Sidon, le guerrier musulman joua de malheur. Après un combat où il avait tué un nombre considérable de guerriers chrétiens, et parmi eux le duc de Saxe et le duc d'Autriche, deux des principaux chefs de l'armée, la victoire lui échappa au moment de la saisir, et ses turcs indomptés prirent la fuite.

—

IV. Chose étrange! les événements de cette croisade avaient presque toujours été heureux pour les chrétiens: à part la ponique de Thoron, la victoire ne les avait jamais abandonnés, et cependant les chrétiens de la Palestine n'éprouvaient aucune reconnaissance envers les croisés pour les secours qu'ils en avaient reçus; ils les détestaient au contraire, et disaient tout haut, en parlant d'eux, qu'ils n'avaient quitté l'Occident que pour faire une promenade guerrière en Syrie; qu'ils y avaient trouvé la paix et qu'ils allaient y laisser la guerre, semblables à ces oiseaux de passage qui annoncent la saison des tempêtes.

De tels discours ne devaient pas engager les barons d'Occident à prolonger leur séjour en Palestine, Leur orgueil se révolta de l'ingratitude des orientaux, et profitant de la nouvelle de la mort de l'empereur Henri VI, ils déclarèrent leur volonté de retourner dans leurs provinces où l'élection d'un nouveau chef de l'empire rendait leur presence nécessaire.

En vain un renfort de chevaliers français qui venaient d'arriver, sous la conduite du comte de Montfort, les sollicitèrent-ils de retarder leur départ, toute instance fut inutile. De tant de princes partis de l'Occident pour faire triompher la cause de Dieu, la seule reine de Hongrie se montra fidèle à ses serments et resta avec ses chevaliers, montrant ainsi, dit le père Mainbourg (1), que la vertu héroïque ne dépend nullement de la qualité du sexe, et qu'on peut suppléer à la faiblesse du tempérament et du corps par la grandeur de l'âme et par la force de l'esprit.

Ainsi finit cette quatrième croisade, dans laquelle plus de cent mille croisés qui avaient quitté l'Europe pour délivrer Jérusalem, revinrent dans leurs foyers.

—

V. Pour ne pas interrompre mon récit, j'ai laissé les rois de Jérusalem au moment où l'infortuné Henri trouvait la mort en tombant par une fenêtre. Cette mort rendait Isabelle veuve pour la troisième fois ; et depuis le moment où elle avait recueilli le sceptre des mains de sa sœur mourante, elle avait donné deux rois à Jérusalem. On lui proposa d'épouser Amaury, qui venait de succéder à Guy de Lusignan dans le royaume de Chypre. Amaury était un homme sage et prudent, qui aimait Dieu et respectait l'humanité. Il ne ne craignit point de partager avec Isabelle le dangereux honneur de la royauté dans un pays déchiré par les factions. Voici la formule du serment qu'il prêta entre les mains du patriarche : « Moi, Amaury II, au moment d'être couronné, par la

(1) Mainbourg. *Histoire des Croisades.*

permission divine, roi de Jérusalem, je promets à vous, seigneur patriarche, et à vos successeurs, en présence du Dieu tout-puissant et de toute l'Eglise, qu'à compter de ce jour je serai votre appui et votre fidèle défenseur comme celui de tous les habitants du royaume de Jérusalem (1). »

Après le départ des croisés allemands, Amaury s'empressa de conclure une trève de trois ans avec Malek-Adel, qui, lui-même, était fort tourmenté dans ses états, et il gouverna paisiblement ses sujets jusqu'au moment de la cinquième croisade. Il ne mourut qu'en 1205. La reine Isabelle mourut la même année, et sa fille Marie, qu'elle avait eue de son premier mariage avec Conrad de Montferrat, porta le trône à Jean de Brienne, son époux.

(1) Baron Taylor. *La Syrie.*

CINQUIÈME CROISADE

Publiée par Innocent III, prêchée par Foulque, Martin et Eustache. — (1198).

Boniface de Montferrat et Dandolo. — Siége de Zara. — Siége et prise de Constantinople. — Empire latin. — Baudoin de Flandre et ses successeurs. — Jean de Brienne.

I. On venait d'élever sur la chaire de saint Pierre un jeune pape de 33 ans. Innocent III, dont le nom a acquis une immense célébrité politique par la grande lutte du sacerdoce et de l'empire, dont il fut un des principaux acteurs, joignait à l'activité, à la force, au courage de la jeunesse, les ressources d'une vaste érudition, d'un esprit ferme et élevé, d'une conduite irréprochable. Dès son arrivée au trône pontifical, il prit en main la cause des Saints-Lieux, et malgré le relâchement de l'enthousiasme public, malgré l'esprit d'insubordination qui fermentait dans l'Eglise, malgré la tiédeur des grands monarques chrétiens, il trouva encore moyen de lever des légions pour la défense du Saint-Sépulcre, et de les jeter sur l'Asie.

Peu de temps après le départ des croisés allemands, l'évêque de Ptolémaïs, accompagné de plusieurs chevaliers, s'était embarqué dans le but de solliciter les secours des fidèles. Le vaisseau sur lequel il ctait monté fit naufrage sur la côte de Syrie, et tous les passagers y trouvèrent la mort. Mais les plaintes de l'Orient n'en arrivèrent pas moins au Saint-Père, qui s'en fit aussitôt l'écho. En Italie, en Allemagne, en France, en Angleterre, en Grèce, dans tous les états chrétiens, des prélats furent envoyés pour y prêcher la paix entre les princes, pour exciter l'ardeur guerrière des chevaliers, pour recueillir les aumônes destinées à la Palestine, et pour promettre à tous ceux qui, d'une façon ou d'une autre, contribueraient à la guerre sainte, la protection de l'Eglise et le pardon de leurs péchés. Foulque, curé de Neuilly, en France, Martin Litz, moine bénédictin, en Allemagne- Eustache, abbé de Flay, en Angleterre, avec autant de zèle que Pierre l'Hermite, mais avec moins d'éloquence que saint Bernard, parcoururent les villes et les campagnes, et prêchèrent la croisade à la cour des souverains.

Quoi qu'ils fissent, aucune tête couronnée ne fut émue. Toute l'Allemagne se trouvait en lutte pour savoir qui serait empereur ; aucun prince ne prit la croix. Philippe-Auguste venait d'être justement interdit pour avoir répudié son épouse Ingerburge, et pris pour femme Agnès de Méranie. L'orgueil et la passion ne lui permettant pas de comprendre les conséquences d'un scandale donné par un roi à son peuple, il conservait au pape et à l'Eglise une rancune profonde. Quant à Richard d'Angleterre, ne sachant auxquels courir de ses sujets de France ou de ses sujets d'outre-manche, il avait assez à faire de maintenir la paix chez lui.

—

II. Une armée de 80,000 hommes ne s'en trouva pas moins réunie à Soissons, au commencement de 1199. A la tête des seigneurs se trouvaient Thibaut IV de Champagne, frère du dernier roi de Jérusalem Henri I,

Louis, comte de Blois, parent des rois de France et d'Angleterre, le comte de Saint-Pol; Gauthier de Brienne et son jeune frère Jean, qui devait régner en Syrie, Mathieu de Montmorency, Renaud de Boulogne, Simon de Montfort, un grand nombre d'évêques, et l'historien Villehardouin, qui devait écrire l'histoire de la campagne.

L'assemblée des chefs déféra le commandement suprême au comte de Champagne comme au plus puissant des princes qui avaient prononcé le vœu d'aller délivrer Jérusalem. « La même réunion arrêta que l'armée se rendrait par mer en Syrie pour éviter le sort des expéditions précédentes; et comme la France manquait de vaisseaux, on nomma six députés pour aller à Venise solliciter la coopération de cette puissante république. »

Venise était dès cette époque une puissance maritime du premier ordre. Elle avait pour doge (président) Henri Dandolo, qui, à l'âge de quatre-vingts ans, « n'avait de la vieillesse que ce qu'elle donne de vertus et d'expérience. » Après avoir écouté les députés français, il promit, au nom de la république, de fournir les vaisseaux et les provisions nécessaires au transport de trente-cinq mille chevaux, moyennant une somme de 85,000 marcs d'argent (4,000,000 fr.); de plus, il ne voulait pas que la république restât étrangère à une entreprise faite au nom de Jésus-Christ ; il offrit d'armer complètement cinquante autres vaisseaux si on voulait faire entrer Venise pour la moitié dans le partage des conquêtes qu'on allait faire en Orient. Ces propositions étaient plus intéressées que généreuses; cependant on les accepta sans répugnance. Les députés revinrent en France pour rendre compte de leur mission au comte de Champagne; mais ils le trouvèrent expirant. Boniface, marquis de Montferrat, fut choisi pour le remplacer dans le commandement de l'armée

Au commencement du printemps 1202, tout était prêt

pour le départ. Le marquis de Montferrat alla attendre ses compagnons à Venise; mais ce fut en vain que pendant plusieurs semaines il leur envoya courriers sur courriers, la moitié peut-être manquaient au rendez-vous. Cependant Venise, qui avait fait les armements nécessaires pour une grande armée, réclamait l'indemnité dont on était convenu. Vainement, pour faire honneur à la parole des ambassadeurs, le marquis de Monferrat, les comtes de Blois et de Flandre, vendirent-ils leur argenterie et leurs bijoux; toutes ces sommes réunies n'atteignaient pas la moitié des quatre-vingt-cinq mille marcs. Pour acquitter la dette commune de la croisade, il fallut accepter la proposition des vénitiens qui offraient de tenir les pèlerins quittes s'ils voulaient leur aider à soumettre Zara, ville rebelle, qui s'était soustraite à leur pouvoir se donner au roi de Hongrie. La ville fût en effet assiégée, prise et, comme l'hiver approchait, les croisés s'y trouvèrent si bien, qu'ils résolurent d'y passer la mauvaie saison.

—

III. Le printemps les trouva frais, dispos et bouillants d'ardeur. Mais comme ils mettaient à la voile pour la Terre-Sainte, arrivèrent des ambassadeurs de Constantinople. Ils venaient annoncer que l'empereur Isaac avait été détrôné par son frère Alexis, abandonné de ses amis, privé de la vue, et chargé de fers. Ils imploraient le secours des croisés pour le rétablir dans ses droits. « Isaac promettait qu'aussitôt qu'il aurait recouvré le trône de Constantinople, il terminerait le schisme de l'église grecque en se soumettant à la juridiction du pontife de Rome. Il s'engageait à payer immédiatement 300,0,000 marcs d'argent (15,000,000 fr.), à entretenir durant une année dix mille hommes en Palestine, et pendant toute sa vie cinq cents chevaliers pour le service de la Terre-Sainte.

On délibéra longtemps, puis enfin, séduits par les promesses d'Isaac, on s'embarqua pour Constantinople. »

La traversée fut un triomphe. Durrazzo apporta ses clefs, Corfou, célèbre par le naufrage d'Ulysse, ouvrit ses délicieux jardins; Nègrepont, Andros, protestèrent de leur soumission à Isaac, entre les mains de son jeune fils Alexis, qui était venu servir de guide à ses libérateurs; Abydos offrit ses moissons de blé et d'orge; enfin la flotte vint jeter l'ancre au port San-Stephano, à trois lieues de Constantinople (juillet 1203).

Nous ne saurions ici décrire le magnifique spectacle qui s'offrit alors à leurs yeux. Comme situation, comme aspect, comme étendue, aucune ville au monde ne pouvait à cette époque lutter avec cette reine du monde, dont le grand Constantin en personne avait tracé l'enceinte avec une charrue. Plus heureuse que Rome sa rivale, Constantinople n'avait point encore vu les barbares dans ses murs. Elle conservait le dépôt des chefs-d'œuvre de l'antiquité et les richesses accumulées de la Grèce et de l'Orient. Sa vue causa aux croisés un grand ébahissement.

Jusque-là l'usurpateur avait regardé dédaigneusement l'alliance de son neveu avec les latins, mais quand il vit les voiles de leur flotte et qu'il entendit le son aigu de leurs clairons, il fallut bien changer d'attitude.

Ayant donc rassemblé ses troupes, il les rangea en bataille, en avant de la ville, sur la côte occidentale du Bosphore, dans tout le terrain qui est compris entre ce que les turcs appellent aujourd'hui la pointe de Tophana et Betaschi. Les croisés, campés sur la rive asiastique du détroit (à Scutari), purent voir se déployer à l'aise cette armée dix fois plus considérable que la leur.

Mais leur zèle impatient n'en fut point ralenti; les chevaliers lacèrent leurs heaumes, les écuyers sellèrent les chevaux, les archers et les arbalétriers ajustèrent leurs armes, les évêques et les prêtres firent *leurs remontrances*, et, prêts à combattre, ils montèrent sur les vaisseaux plats qui devaient les jeter sur l'autre rive. La traversée n'est que de quelques minutes ; mais l'impatience des chevaliers était telle qu'en approchant du bord ils se jetèrent tous armés dans les flots, ayant de l'eau jusqu'à la ceinture, et coururent sus aux ennemis. Cette façon d'agir, à laquelle les grecs n'étaient pas accoutumés, les effraya. Ils essayèrent à peine de se défendre et rentrèrent en tumulte dans la ville, abandonnent leur camp aux vainqueurs (5 juillet 1203).

Ce premier succès était d'un bon augure. On passa dix jours à faire les préparatifs d'un assaut général, et, le 17 juillet, il fut convenu qu'on attaquerait la ville à la fois par terre et par mer, la flotte était placée sous les remparts que baigne le Bosphore, et l'armée couvrant l'espace occupé aujourd'hui par le faubourg d'Ayoub.

Dès le matin, les chevaliers, conduits par Baudoin de Flandre, dressèrent leurs échelles. Chacun se disputait l'honneur d'arriver le premier. Une tour s'écroula bientôt sous les efforts de leurs machines ; ils purent atteindre le sommet des remparts l'épée d'une main, la hache de l'autre ; mais ils trouvèrent une rude résistance. Les grecs se défendirent avec une valeur qu'on ne pouvait attendre d'eux. Leur courage était soutenu par le jeune Théodore Lascaris, gendre d'Alexis, qui aspirait à devenir le libérateur de son pays. Les croisés, après des efforts inouïs, furent repoussés avec des pertes considérables.

Par bonheur la division navale obtenait d'autres résultats. Dandolo avait ordonné d'approcher des murailles de gros vaisseaux sur lesquels il avait construit des tours. Un pont suspendu, abattu de chacune d'elles, mit aussitôt les marins sur le rempart. Cette manœuvre réussit pleinement. Ceux qui défendaient la place de ce côté surpris de voir les ennemis descendre aussi chez eux du haut de leurs mâts, ne se défendirent que mollement. Vingt-cinq tours tombèrent au pouvoir des vénitiens, et le feu, qu'ils mirent à un quartier, en élevant dans les airs des torrents de fumée, annonca aux chevaliers français le succès de leurs alliés.

Dès ce moment, dans cette ville immense, c'est un désordre, une mêlée qu'aucune description ne saurait peindre. Pendant que les soldats combattent, que le peuple s'enfuit, que les moissons brûlent, Alexis, honteux de sa lâcheté, veut un instant rallier ses bataillons et sortir de la ville pour harceler les croisés dans leur camp; mais à l'aspect de leurs armures, la peur le prend : il rentre, il court se cacher au fond de son palais, et, à l'approche de la nuit, presque seul comme un larron, il s'enfuit sur une barque, emportant avec lui dix mille livres d'or.

Quand le jour vint apprendre aux grecs qu'ils n'avaient plus d'empereur, et aux alliés qu'ils n'avaient plus d'ennemis, ce furent d'une part des lamentations qui ne purent être comparées qu'aux actions de grâce des autres. Profitant de la confusion, quelques courtisans habiles coururent au donjon d'Isaac. « Après avoir brisé les fers du captif aveugle, ils le conduisirent au palais des Blaquernes, le revêtirent de la robe impériale, et invitèrent le peuple à reconnaitre son souverain légitime. » Au milieu de ce peuple corrompu, leur voix ne trouva pas une opposition. Ce fut à qui irait chercher la vieille impératrice dans la retraite où elle s'était retirée, et dont personne ne savait le chemin sous le règne précédent; à qui poursuivrait de ses invectives l'impératrice Euphrosine qu'on adorait la veille, et que son lâche époux avait oubliée dans sa fuite.

Les latins ne pouvaient en croire leurs oreilles; ils envoyèrent des députés, « pour voir à l'œil comment les choses se passaient, » et ne furent parfaitement rassurés que quand ceux-ci eurent reçu, de la bouche même d'Isaac, la confirmation des promesses que son fils avait faites en son nom sous les murs de Zara.

« Vous nous avez si bien servis, leur dit-il, que, lors même qu'on vous donnerait tout l'empire, vous l'avez bien mérité. » Les députés rapportèrent au camp les patentes impériales revêtues du sceau d'or des Comnènes.

« Alors fut démenée grande joie, tant en la ville, pour le recouvrement de leurs princes, qu'au camp des pèlerins pour l'honneur de cette belle victoire. » Pour éviter les querelles populaires entre grecs et latins, l'armée des croisés établit ses quartiers au faubourg de Galata, et là, dans l'abondance et le repos, elle oublia les travaux, les fatigues et les périls de la guerre.

-

IV. Restait à tenir les promesses un peu exorbitantes, il est vrai, des princes grecs à leurs auxiliaires. Isaac et son fils s'y mirent avec courage : ils vidèrent leurs coffres, ils augmentèrent les impôts, ils firent fondre les images des saints et les vases sacrés des églises ; s'ils ne réalisèrent pas en entier les quinze millions, ils s'en approchèrent beaucoup. Le second point était plus difficile ; cependant on obtint du patriarche, monté dans la chaire de Sainte-Sophie qu'il déclarât en son nom, au nom des empereurs et de tout le peuple chrétien d'Orient, reconnaître Innocent, troisième du nom, pour successeur de saint Pierre, vicaire suprême de Jésus-Christ sur la terre, pasteur des pasteurs. Le troisième point, qui était l'avènement d'une armée, demandait un peu de temps ; le jeune Alexis, au nom de son père, pria qu'on attendît un peu. Il n'était d'ailleurs pas fâché, dit un historien, de garder près de lui les latins pour lui servir de sauve-garde contre ses propres sujets qui murmuraient tout haut. L'événement ne tarda pas à prouver qu'il avait raison de craindre.

Un jour en effet on apprend au camp que, dans une émeute populaire, un jeune ambitieux, nommé Murzuffle Ducas, parent de la famille impériale, après s'être fait couronner dans Sainte-Sophie, avait empoisonné et étranglé de ses propres mains le jeune Alexis, et qu'il sollicite l'alliance des croisés.

Les barons et les chevaliers ne répondirent à cette proposition que par le serment de venger la mort d'Alexis et de son père (Isaac était mort de désespoir en apprenant la fin tragique de son fils). Henri Dandolo voulut un instant tenter un accomodement qui permettrait aux croisés d'aller terminer leur pèlerinage en Syrie ; il eut même, du haut de sa galère, une entrevue avec l'usurpateur ; mais il ne tarda pas à se convaincre que toute négociation était impossible ; on ressera l'alliance des français avec les vénitiens ; on abandonna le camp pour concentrer toutes les forces sur la flotte ; et après une première attaque sans résultat, une deuxième, livrée le 8 avril 1204, introduisit les latins en vainqueurs dans Constantinople. La ville fut pillée, brûlée, saccagée avec une fureur qu'on ne retrouverait pas chez les barbares. Chacun voulut prendre un lambeau des richesses que tant de siècles avaient entassées. Sur le trône vide on plaça un latin, Baudoin de Flandre, afin de n'avoir plus à lutter contre les perfidies de cette famille usée des empereurs de Byzance ; dans la chaire déserte du patriarche on mit un vénitien, Thomas Merosini, afin de n'avoir pas à revenir sur cette affaire de l'union des deux églises ; on se partagea les provinces l'épée à la main et le casque en tête ; on régla d'après les lois féodales les devoirs de l'empereur et des sujets, des grands et des petits vassaux ; et ceux des grecs qui n'avaient pu dormir dans cette nuit terrible se réveillèrent soumis aux coutumes de France et de Venise, après s'être endormis sous la protection du code de Justinien (10 avril 1204). Murzufle s'était enfui pendant le pillage.

Parmi les malheureux que l'incendie chassa de leurs maisons et que le « saccagement » réduisit à la misère, se trouvait l'historien grec Nicétas, qui nous a laissé une relation détaillée de ce siége. La peinture qu'il fait des débordements des latins dans ce moment d'ivresse est désolant à lire. Constantinople n'avait point de lieu qui ne fût exposé à la brutalité des soldats (1). Les turcs de Saladin, lors de la prise de Jérusalem, n'avaient rien osé faire de pareil.

—

V Bon gré malgré, le Bas-Empire avait accepté pour maître Baudoin empereur de Constantinople, et *chevalier du Saint-Siége*. Son règne ne fut pas long. L'armée latine était petite et les sujets grecs peu dévoués. Dès que les principaux chefs de l'expédition se furent dispersés pour aller prendre possession chacun du royaume, de la province ou du marquisat qui lui était échu, le trône impérial commença à trembler. La dissension survint et diminua encore les forces ; et lorsqu'un jour une sorte de barbare, Joanice, roi de Bulgarie, ayant fait retentir aux oreilles des grecs les mots de liberté et de délivrance, vint à sa rencontre pour lui disputer le trône, Baudoin, obligé de livrer bataille, avec seize mille hommes seulement contre une armée de cent mille, s'abîma dans la

(1) Ce pillage, d'après Villehardouin, ne produisit guère plus de 400 millions. Il est vrai qu'une partie des richesses de la ville fut perdue.

mêlée et y disparut si complètement que l'histoire a perdu sa trace (1206) (1).

—

VI. Après ce désastre, qui s'accomplit sous les murs d'Andrinople, la lourde couronne d'empereur fut ramassée par Henri de Hainaut, frère de Baudoin. Il déploya tous les talents d'un habile administrateur. La mort de Dandolo, qui termina à Constantinople son illustre et longue carrière, la fin déplorable du marquis de Monferrat, qui fut décapité dans une bataille contre les bulgares, et le départ pour les Lieux-Saints de beaucoup de seigneurs pressés d'accomplir enfin leur vœu de pèlerinage, le mettaient dans une position fort précaire. Sa prudence fit face à tout. Pendant dix ans il sut se maintenir en paix avec ses voisins, en bonne harmonie avec ses sujets, et fut assez heureux pour transmettre à ses successeurs un trône affermi et respecté; mais l'histoire du royaume latin de Constantinople est en dehors de notre cadre, et nous revenons en Syrie..

—

VII. Nous avons laissé Jérusalem, en 1206, au moment où Amaury II de Lusignan et sa femme Sybille étant morts, le trône fut occupé par une jeune fille, Marie, qui donna sa main à Jean de Brienne, chevalier français. Pendant les premières années de ce règne il ne vint à l'esprit ni des turcs ni des chrétiens de reprendre les armes. La Syrie et les contrées voisines étaient désolées par la stérilité la plus complète. Après avoir épuisé toutes leurs provisions, les malheureux habitants se vi-

(1) Les légendes flamandes sont pleines de récits sur la captivité et la mort de Baudoin.

rent réduits à recourir à l'herbe des champs et aux lambeaux de cadavres qu'ils arrachaient des cimetières. Après la famine vint une épidémie si cruelle que les annales de l'humanité n'en rapportent pas de plus violentes. Les chemins, disent les auteurs contemporains, étaient devenus comme un champ ensemencé de corps morts, et les provinces les plus peuplées comme une salle de festin pour les oiseaux de proie. A ces fléaux vinrent se joindre les tremblements de terre, dont les secousses furent telles, que musulmans et chrétiens croyaient y voir l'annonce de la fin du monde. Damas, Tyr, Ptolémaïs, Tripoli et Naplouse furent presque entièrement arrachées de leurs bases.

Les ambassades que le royaume de Jérusalem pouvait adresser alors aux chrétiens d'Europe avaient bien moins pour but de demander des défenseurs que de l'argent et du blé. Le proviseur des templiers lui-même, malgré les richesses proverbiales de son ordre, se préoccupe de ces questions dans une lettre célèbre qui a été conservée

Mais avec les saisons les récoltes reviennent, et avec les années les générations nouvelles succèdent à celles qui ne sont plus. En 1209, Malek-Adel se trouva en état de rassembler de nouvelles armées. La trève était rompue depuis longtemps; l'armée de la cinquième croisade, encore sous l'impression de la perte de l'empereur Baudoin, avait trop de peine à se maintenir à Constantinople pour pouvoir détacher des forces en Orient; il fallut encore solliciter le secours des princes chrétiens et des populations occidentales, et de nouveaux ambassadeurs, de nouvelles lettres pontificales, de nouveaux prédicateurs furent répandus dans tous les états chrétiens.

On vit alors, chose unique dans l'histoire, cinquante mille enfants, en France et en Allemagne, errer dans les villes en criant : *Seigneur Jésus, rendez-nous votre sainte croix!* et dans leur inexpérience entreprendre la route de Jerusalem, sans que les familles ou les gouvernements missent obstacle à leur téméraire résolution.

Je n'ai pas besoin de dire que cette singulière levée n'aboutit qu'à la mort de ces pauvres petits martyrs qui périrent pour la plupart avant même d'avoir quitté l'Europe.

Ce n'étaient point des secours de cette nature qui pouvaient sauver Jérusalem.

SIXIEME CROISADE.

Publiée par Innocent III, prêchée par Pierre de Courçon et Jacques de Vitry. — (1216).

André II de Hongrie. — Camp de Cison. — Siége et prise de Damiette. L'empereur Frédéric II. — Jérusalem est rendue aux chrétiens. — Trève de dix ans avec Malek-Kamel.

I. Dans l'âge mûr, le pape Innocent III n'avait point perdu la sainte énergie de sa jeunesse. A ses yeux la délivrance du Saint-Sépulcre n'avait point cessé d'être l'œuvre la plus héroïque de son époque, la plus digne de l'admiration de la postérité. Quand il apprit que Malek-Adel avait repris les armes, et que le royaume de Jean de Brienne se trouvait presque réduit à la seule ville de Ptolémaïs, il poussa un cri semblable au rugissement du lion. L'histoire du temps put à peine le suivre cherchant partout des ennemis aux musulmans, et s'adressant tour à tour à l'Italie, à la France, à l'Angleterre, à l'Allemagne, à la Grèce, au sultan lui-même, qu'il espérait toucher par l'éloquence de ses lettres.

Un concile tenu à Rome ratifia toutes les promesses qu'on avait déjà faites à tous ceux qui prendraient la croix : pardon des péchés, remise des dettes, protection de l'Eglise, terres et châteaux en Palestine. Deux des hommes les plus illustres du temps par leur science et leur éloquence, le cardinal Pierre de Courçon et le docteur Jacques de Vitry, reçurent tous les pouvoirs du Saint-Siége pour prêcher la guerre sainte et la réforme des mœurs. Ils parcoururent non-seulement les églises, mais la cour des souverains et les châteaux des grands, et leur éloquence fit des prodiges. Les troubadours et les trouvères, se crurent obligés d'élever la voix en faveur de Jésus-Christ. « Il est venu le temps, disait l'un d'eux, où l'on verra quels sont les hommes dignes de servir l'Eternel. Dieu appelle aujourd'hui les vaillants et les preux. Ceux-là seront à jamais les siens qui, sachant souffrir pour leur foi, se dévouer et combattre pour leur Dieu, se montreront pleins de franchise et de générosité, de loyauté et de bravoure ; qu'ils restent ici ceux qui aiment la vie, ceux qui aiment l'or. Dieu ne veut que les bons et les braves : il veut aujourd'hui que ses fidèles serviteurs fassent leur salut par de hauts faits d'armes, et que la gloire des combats leur ouvre les portes du ciel (1). »

Les plus indifférents parurent un instant convaincus : Philippe-Auguste, qui vivait encore, abandonna le quatrième des revenus de son domaine ; Henri III, successeurs de Jean-sans-Terre, feignit de se croiser pour ne pas être en reste avec les barons anglais ; Frédéric II, récemment couronné roi des romains, à Aix-la-Chapelle, prit également la croix.

(1) Pierre d'Auvergne. *Les Vigiles.*

II. Quand il fallut partir, les choses avaient changé. Il se trouva que le plus puissant des souverains véritablement disposés à combattre était André II, roi de Hongrie et que les seigneurs qui conduisaient avec eux le plus de guerriers étaient des allemands : le duc d'Autriche, celui de Brabant, celui de Limbourg, les évêques de Mayence, de Strasbourg, de Munster, le comte de Hollande ; les seigneurs de Frise, de Saxe et de Norwége. La France, au contraire, et l'Agleterre, n'avaient armé qu'un petit nombre de chevaliers, et le zèle de la guerre s'y était visiblement refroidi (1216).

Le roi de Hongrie et ses compagnons s'embarquèrent à Spalatro, où des navires de toutes les républiques maritimes de la Méditerranée les attendaient. La flotte fit voile pour l'île de Chypre. Les croisés français et anglais, embarqués à Marseille, à Gênes et à Venise, devaient les y rejoindre, et les députés du roi de Jérusalem, les patriarches des templiers et des hospitaliers les y attendaient.

Lusignan, souverain de Chypre, dont les parents avaient régné à Jérusalem, ne put voir le zèle qui animait les croisés s'en être enflammé lui-même. Il prit la croix avec eux et bientôt la flotte débarqua en triomphe à Ptolémaïs.

L'armée, impatiente de remettre Jean de Brienne sur le trône dont ses prédécesseurs étaient descendus depuis la prise de la ville sainte par Saladin, se dirigea immédiatement vers le sud, et vint asseoir son camp sur les bords du torrent de Cison. Le sultan Malek-Kamel, fils de Malek-Adel, dont la tactique astucieuse avait pour but de laisser engager les chrétiens dans les montagnes avant de les attaquer, fit semblant de fuir devant eux. On arriva aux bords du Jourdain, on côtoya ses rivages pleins des souvenirs de Jésus-Christ ; mais arrivés au Thabor, au lieu de descendre droit à Jérusalem par Naplouse et Ramla, on alla camper du côté de Tyr où la famine se mit dans l'armée ; la famine amena les querelles ; les querelles donnèrent naissance aux divisions, et la Syrie chrétienne apprit tout-à-coup avec surprise que le roi de Chypre était mort, que celui de Hongrie rentrait dans ses états, et que les autres princes croisés se retiraient, qui à Tripoli, qui au Carmel qui à Ptolémaïs, abandonnant ainsi Jérusalem à son malheureux sort.

—

III. La croisade allait échouer honteusement lorsqu'arrivèrent de France, d'Italie, de Hollande, de nouvelles et nombreuses bandes de croisés. Leur présence rendit le courage à Jean de Brienne. Avec un aussi puissant renfort, on ne parla plus que de recommencer la guerre ; mais le point d'attaque fut changé. Au lieu de se porter sur Jérusalem, les chrétiens trouvèrent utile d'aller combattre les forces de Malek-Kamel au siége même de sa puissance, et de préparer la soumission de la Syrie par la conquête de l'Egypte. Ce projet ne manquait peut-être pas de grandeur, mais il n'était point en proportion avec les ressources présentes du royaume de Juda.

Au mois de mai 1318, le roi de Jérusalem, le patriarche, les évêques latins, le duc d'Autriche et les troupes nouvellement arrivées s'embarquèrent donc au château des Pèlerins qui appartenait aux templiers, et trois jours après ils arrivaient à l'embouchure du Nil, devant Damiette.

Damiette qui commande l'embouchure du Nil, et une des portes de l'Egypte, ne comptait pas à cette époque moins de soixante mille habitants. Elle était entourée de fossés profonds et d'un triple rang de murailles. Une garnison de vingt mille hommes en défendait l'entrée. Toutes les richesses des vallées que le Nil fertilise étaient étendues à ses pieds.

Suivant une tactique militaire assez étrange, les chrétiens, au lieu d'attaquer la ville par terre, débarquèrent en face d'elle, sur la rive opposée du fleuve. Une tour, bâtie au milieu du Nil et admirablement défendue, s'élevait entre eux et la ville pour en défendre l'approche. Il fallut commencer le siége par un point important. On vit alors un curieux spectacle, une sorte de duel, une sorte de combat en champ clos entre deux forteresses, l'une en pierre, défendue par des turcs intrépides, l'autre flottante, construite sur deux vaisseaux liés, et occupée par des chrétiens (1). Le spectacle était si nouveau, que, sur les deux rives du fleuve, dans la ville et dans le camp, on fit halte à la guerre, on suspendit les travaux pour regarder. La lutte dura un jour entier avec des alternatives différentes. Tantôt la tour de bois des chrétiens, inondée de feu grégeois, se montrait toute en flamme, tantôt l'étendard jaune du prophète disparaissait, saisi par quelque chevalier franc. Enfin les croisés restèrent maîtres de la tour du Nil, et les musulmans en éprouvèrent une honte plus grande que s'ils avaient perdu une bataille.

Le siége continua, mais avec moins d'ardeur qu'on eût été en droit de s'y attendre après ce premier succès. Quelques chrétiens, se croyant libres de leur vœu, retournèrent en Europe; d'autres moururent victimes d'une peste qui désolait et la ville et le camp. Mais d'Angleterre, de France, d'Italie, arrivaient sans cesse de

(1) Cette tour flottante avait été construite sur les plans d'Olivier Scholastique, l'un des historiens de la croisade.

nouveaux renforts, et le jeune roi de Jérusalem était plein de courage. L'hiver se passa. Au printemps de 1219 le sultan Malek-Kamel voulut entamer des négociations qui furent rejetées par l'influence de Pélage, évêque d'Albano et légat du Saint-Siége. Un peu plus tard, le sultan, obligé de fuir le fer des assassins, quitta le pays; son armée, qui protégeait la ville, suivit ses traces; alors les chrétiens resserrèrent leurs lignes de circonvallation. Mais tout-à-coup la garnison cesse ses sorties, la voix des sentinelles ne se fait plus entendre, le silence règne dans la ville assiégée. Les croisés, d'abord surpris, croient à un piége; ils se hasardent avec précaution sous les murailles, ils escaladent les tours, ils enfoncent les portes, ils entrent; mais une odeur infecte les suffoque, et des monceaux de cadavres étendus sur les places publiques leur apprennent enfin que l'héroïque population de Damiette est morte avant de se rendre, et qu'ils n'ont pris qu'une cité vide d'habitants (5 novembre 1219).

Cette conquête assurait aux latins tout le rivage oriental de la Méditerranée. Jean de Brienne, qui ne perdait pas de vue sa capitale, proposa de profiter de la discorde qui régnait entre les princes musulmans pour regagner la Syrie et se rendre maître de Jérusalem. Chose étrange! ce fut le légat du pape qui s'opposa à ce projet. Malgré les conseils de tous les vieux guerriers d'Orient, des templiers et des hospitaliers, Pélage persista à demander qu'on achevât la conquête de l'Egypte. Son avis l'emporta sur la raison. L'armée chrétienne fut engagée, au milieu d'une saison meurtrière, dans des pays inconnus où sa présence soulevait des populations fanatiques; et la grande bataille de Mansourah, secondée par les inondations et la disette, réduisirent à rien une troupe qui avait ouvert la campagne par de brillants faits d'armes. Pélage fut heureux d'obtenir, au prix de Damiette évacuée, le droit de ramener à Ptolémaïs les débris méconnaissables de l'armée qu'il avait perdue par son imprudence (1220) (1).

—

IV. Ainsi s'étaient évanouies, depuis le commencement de cette croisade, deux armées nombreuses et pleines de bravoure, et les chrétiens de Syrie n'avaient vu survenir aucun changement dans leur situation précaire, quand se répandit la nouvelle qu'un tardif repentir avait déterminé l'empereur Frédéric II à accomplir enfin son vœu.

Il vint en effet, moins par religion que par politique ; mais, habile et puissant comme il l'était, un mot de lui devait plus faire pour la libérté de Jérusalem que tous les vains exploits qu'on avait prodigués depuis Saladin. Malek-Kamel était engagé dans des guerres interminables avec les autres prétendants à la succession de son père ; Frédéric lui fit entrevoir qu'il pourrait lui prêter appui, et aussitôt Jérusalem, où l'étendard des chrétiens ne s'était pas montré depuis longtemps, fut évacué par les turcs, à la seule condition de leur conserver une mosquée et le libre exercice de leur culte. Les villes de la Syrie latine furent également restituées, le royaume de Jérusalem rétabli, et les chrétiens libres de voyager sans péril sur cette terre tant de fois arrosée de leur sang (1228).

Par malheur, celui dont la seule présence avait suffi pour accomplir tant de choses jusque-là regardées comme impossibles, était sous le poids des foudres de l'Eglise ; de plus, arrachant du front débile de son beau-père, Jean de Brienne (2), une couronne qu'il ne savait pas

(1) Jean de Veyrac, évêque de Limoges, fut un de ceux qui perdirent la vie dans cette retraite malheureuse. Son corps fut ramené à Ptolémaïs.

(2) En 1223, Frédéric II avait épousé Yolande, fille de Jean de Brienne et de Marie de Montferrat.

défendre, il s'était lui-même couronné roi de Jérusalem. Il n'en fallut pas davantage pour lui attirer la méfiance du peuple et la haine du clergé. On s'accoutuma à le regarder comme un impie, comme un usurpateur, comme l'ami et le complice des Sarrazins; et ne trouvant partout que des dispositions hostiles, il se vit forcé de quitter la cité sainte pour retourner en Europe. Jean de Brienne reprit son trône; mais l'année même il fallut recommencer à solliciter les secours des fidèles et prêcher une septième croisade (1231).

SEPTIÈME CROISADE

Publiée par Grégoire IX, prêchée par les Franciscains et les Dominicains. — (1244).

Thibaut IV, comte de Champagne et roi de Navarre. — Bataille de Gaza. — Traités avec les musulmans. — Dispute au sujet de la couronne de Jérusalem. — Prise de la ville par les Karismiens. — Nouvelle bataille de Gaza. — Détresse des chrétiens de Syrie.

I. Malgré les luttes de toute nature que le Saint-Siége avait à soutenir autour de lui, le sort des chrétiens de Syrie ne cessait d'exciter sa plus vive sollicitude. Le zèle des croisades était comme un héritage que chaque pontife en mourant léguait à ses successeurs. Grégoire IX n'y fut point infidèle, et dès l'année qui suivit le retour de Frédéric II en Europe, il s'empressa de convoquer à Spolette une assemblée à laquelle assistèrent les patriarches d'Antioche, de Constantinople et de Jérusalem, où il fut résolu de recommencer la guerre en Palestine, malgré la trêve conclue avec le sultan.

De vives et pressantes instructions furent adressées aussitôt à tous les évêques et prélats de la chrétienté et à tous les princes souverains de l'Europe. Grégoire appliquait à la guerre sainte ces paroles de Jésus-Christ : *Si quelqu'un veut venir avec moi, qu'il renonce à soi-même, qu'il porte ma croix tous les jours et me suive ; qui voudra sauver sa vie la perdra, et qui la perdra pour l'amour de moi la sauvera ;* et ces maximes, commentées avec le zèle enthousiaste d'une âme convaincue et éloquente, auraient galvanisé un cadavre.

La prédication fut confiée aux religieux de Saint-Dominique et de Saint-François. Ces deux ordres étaient de création récente. L'un représentait, dans la sphère de l'orthodoxie, le raisonnement et la science ; l'autre le crucifiement de la chair et des sens. Les prêcheurs de Saint-Dominique juraient de consacrer leur vie à l'étude des Livres-Saints et à l'enseignement de la religion ; les mendiants de Saint-François renonçaient, par amour de la croix, à toutes les douceurs de la vie, et faisaient vœu de ne rien posséder ni en propre, ni en commun, ne vivant que d'aumônes et n'amassant de provisions de rien. Ces nouveaux apôtres de la guerre sainte reçurent du pape le pouvoir non-seulement de donner la croix, mais de commuer en aumônes le vœu du pèlerinage. L'enthousiasme des peuples, réveillé par leurs paroles, fut entraîné par l'exemple des seigneurs français, ces éternels types de l'esprit aventureux et chevaleresque.

—

II A leur tête il faut inscrire un prince qui fut poète et souverain : Thibaut, roi de Navarre et comte de Champagne, l'élégant trouvère connu par ses chansons. L'exemple de Thibaut fut suivi par Hugues IV, par le comte Amaury de Montferrat, par le duc breton Pierre *Mauclerc,* les comtes de Bar, de Foretz, de Mâcon, de Nevers, et une foule de chevaliers de tout rang (1236).

La croisade s'annonça, comme il était trop souvent

arrivé, par une explosion de fanatisme contre les Juifs. En Champagne, en Guyenne, en Poitou, en Anjou, en Bretagne, plus de deux mille de ces malheureux furent brûlés ou égorgés impitoyablement. Il fallut que le pape publiât une bulle pour arrêter ces atrocités (1).

—

III. Thibaut et ses compagnons s'embarquèrent dans les ports de Profena, au printemps 1238. Leur arrivée en Syrie était impatiemment attendue. La mort récente de Malek-Kamel, le sultan éclairé qui avait signé la dernière trêve, remettait en question tout ce qui avait trait à la tranquillité du royaume de Jérusalem et à sa vacillante couronne ; le vieux roi Jean de Brienne venait d'y ajouter le sceptre à moitié rompu de Constantinople en acceptnat la succession de l'empereur français Robert de Courtenai. Il ne fut pas donné au vieux roi de voir arriver sur ses terres les guerriers de la croisade. Il mourut entouré de ruines et de pronostics funestes. A son lit de mort il déposa la pourpre en faveur du jeune Baudoin de Courtenai, son pupille ; et voulant terminer sa carrière comme il l'avait commencée, il revêtit l'habit monastique. Gendre de deux rois (celui d'Aragon et celui de Jérusalem), beau-père de deux empereurs (celui d'Allemagne et celui de Constantinople), revêtu lui-même de la royauté et de l'empire, Jean ne laissait après lui que le souvenir d'une destinée malheureuse.

Si à leur arrivée en Orient les croisés avaient su réunir leurs efforts contre les innombrables ambitieux qui se disputaient la dépouille de Malek-Kamel, il est probable qu'ils auraient enfin pu triompher définitivement des Sarrazins; mais cette pensée ne leur vint point. Ils avaient

(1) Martin. *Histoire de France.*

du reste eux-mêmes, comme leurs ennemis, autant de chefs que de bandes, autant de volontés que de chefs. A peine furent-ils débarqués que le duc de Bretagne, suivi de ses chevaliers, porta la guerre sur les terres de Damas, et revint au camp avec une razzia complète de bœufs, de moutons et de chameaux. Le duc de Bourgogne et le comte de Bar, son ami, furent jaloux de ce succès facile ; ils se disposèrent à faire une battue sur le territoire de Gaza. Le chef de la croisade et les anciens essayèrent en vain de s'opposer à ce dessein téméraire ; ces jeunes princes partirent, quoi qu'on pût leur dire. Thibaut, en maudissant leur imprudence, se vit forcé de les laisser faire, et n'eut que la ressource de marcher de loin derrière eux pour les protéger au besoin.

Après une longue journée de marche, les maraudeurs arrivèrent au bord d'un ruisseau que l'Ecriture appelle Ægyptus. La nuit était belle, les étoiles et la lune « rendaient une grande clarté ; » ils suspendirent leur marche, campèrent « et se mirent à manger la chair cuite qu'ils avaient avec eux, sans oublier le vin dans les barils. » Après quoi ils s'endormirent pleins d'une aveugle sécurité. Mais ils avaient été aperçus par les pasteurs des troupeaux qu'ils voulaient piller ; de grands feux allumés de place en place, en signe de détresse, donnè l'éveil au gouverneur de Gaza, et le lendemain matin ils virent accourir vers eux une troupe de cavaliers musulmans le sabre au poing. Les plus sages des croisés voulaient céder la place, une fausse honte empêcha leurs compagnons de suivre ce conseil ; on se battit, et après une résistance inutile, les croisés, enveloppés par l'ennemi, harcelés de toute part, furent obligés de céder au nombre. Ceux qui ne trouvèrent pas la mort sur le champ de bataille furent faits prisonniers. Le duc de Montfort fut de ce nombre ; quant au comte de Bar, on ne sut jamais ce qu'il était devenu.

Quand l'armée du roi de Navarre apprit cette fatale nouvelle, elle voulut poursuivre les vainqueurs et leur arracher leurs prisonniers, mais ils avaient déjà disparu ; il fut impossible de les atteindre. On ne trouva sur le champ de bataille que des cadavres nus et des blessés expirants.

On délibéra pour savoir s'il fallait s'aventurer plus avant à la suite des fuyards. L'avis des chevaliers du Temple et de l'Hôpital, qui connaissaient le pays, fut qu'on ne pouvait le faire sans s'exposer aux plus grands dangers.

Les chrétiens revinrent tristement à Ptolémaïs. Ils visitèrent ensuite « Sidon, Tyr, Tripoli et les antres bonnes villes chrétiennes. » Un moment ils eurent l'intention d'assiéger Damas ; mais ce projet fut abandonné. Ils s'abandonnèrent au repos, et l'inaction réveilla les regrets de la patrie, engendra les disputes et amena les plus funestes résultats.

Divisés par des querelles intestines, et réduits à l'impossibilité de faire triompher leurs armes, ils traitèrent séparément avec les infidèles, et firent la paix comme ils avaient fait la guerre. Les uns, ayant les templiers de leur côté, convinrent d'une trève avec le sultan de Damas et se firent restituer les Saints-Lieux que l'émir de Petra avait envahis après l'expiration de la tréve ; les autres, dirigés par les hospitaliers, traitèrent avec le soudan d'Egypte, et obtinrent que la Syrie chrétienne ne serait pas inquiétée de ce côté.

Après une expédition qui n'avait pas duré deux ans, et qui avait dépensé presque sans fruit des sommes considérables, les chevaliers croisés se rembarquèrent pour l'Europe le 26 septembre 1240. Le roi de Navarre, le duc de Bourgogne et celui de Bretagne étaient tellement pressés de partir, qu'ils oublièrent dans les fers des infidèles Amaury de Monfort et plus de soixante chevaliers.

IV Un mois après leur embarquement, un nouveau croisé, qui passait pour avoir des sommes immenses comme propriétaire des mines de la Cornouaille, Richard, fils du roi d'Angleterre Henri III, arriva en Syrie avec les croisés de son pays. Ce prince était neveu de Richard-Cœur-de-Lion : son nom seul suffisait pour jeter l'effroi parmi les musulmans. Il était d'ailleurs plein de zèle, et son armée partageait sa bravoure. Mais après quelques avantages, il se trouva abandonné par les hospitaliers qui voulaient qu'on maintînt la trève signée avec l'Egypte, et par les templiers qui refusaient de violer la parole donnée au sultan de Damas. Cette indifférence le fit renoncer à ses projets belliqueux. Il se contenta de renouveler les traités de paix, et après avoir accompli son pèlerinage à Jérusalem et racheté les captifs, il s'embarqua pour l'Italie (1240).

V. Jérusalem resta plus abandonnée que jamais. La ville sainte n'avait même pas de roi pour rallier entre les petites principautés qui vivaient sous sa suzeraineté. Baudoin de Courtenai avait trop à faire à Constantinople pour s'occuper de la Syrie, et cette couronne délaissée par son maitre, retenue de force par l'empereur Frédéric II, était encore disputée par le prince d'Antioche et le roi de Chypre, sans qu'on se préoccupât même, en Palestine, de savoir à qui il fallait la confier.

Il est vrai que des motifs de la plus haute importance empêchaient les musulmans eux-mêmes de s'occuper à poursuivre leurs succès contre les chrétiens d'Asie et d'achever la ruine du royaume de Jérusalem. « Leurs dissensions n'étaient que le moindre de ces motifs : les arabes et les turcs, dans les intervalles de leurs luttes intestines et de leurs combats contre les chrétiens, tournaient les yeux avec épouvante vers un nouvel ennemi qui menaçait d'anéantir l'islamisme et de changer l'Asie en désert. Leur terreur était si grande qu'ils eussent fait les derniers sacrifices pour se rapprocher des chrétiens et obtenir leur assistance. Un nouvel Attila, Geniz-Khan, s'était élancé du fond des steppes de l'Asie-Centrale, à la tête de ses hordes de mongols; et après avoir détruit l'Asie-Centrale il débordait sur l'Asie-Mineure, la Syrie, la Russie et l'Egypte (1). »

Pendant que se faisait ce fracas, les chrétiens de Jérusalem s'occupaient à relever les murailles de leurs villes et à rebâtir leurs temples, espérant rester inaperçus dans tous ces débris d'empire, lorsqu'un de ces peuples vaincus et sans asile que les mongols chassaient devant eux, les karismiens vinrent, par malheur, comme une nuée de sauterelles, s'abattre sur la Palestine. Ces hordes, bannies de leur pays, marchaient le fer et la torche à la main; et, dans leur désespoir, semblaient vouloir se venger sur toutes les nations des maux qu'elles avaient souffert. Ils accouraient du fond de la Mésopotamie lorsque les flammes qui s'élevaient sous leurs pas annoncèrent leur arrivée aux habi-tants de Jérusalem (1242).

Il n'y avait point à résister. Les intrépides chevaliers des ordres militaires furent les premiers à conseiller d'évacuer la ville. Il ne resta que les malades et ceux qui n'avaient pu se résoudre à abandonner leurs parents infirmes. Quand les barbares furent entrés dans la ville et qu'ils eurent égorgé tout ce qui se trouva sous leurs mains, leur soif de sang n'était pas encore assouvie. Alors, recourant à un odieux stratagème, pendant qu'une

(1) H. Martin. *Hist. de France.*

partie d'entre eux se portèrent dans les anfractuosités d'un terrain tourmenté, les autres, arborant la croix et sonnant les cloches, rappellent les chrétiens téméraires; sept mille d'entre eux retournent sur leurs pas et sont massacrés ou mis aux fers.

Quand ces misérables ne trouvèrent plus rien parmi les vivants pour assouvir leur fureur, ils ouvrirent les sépulcres et livrèrent aux flammes les ossements des morts. Le tombeau de Jésus-Christ, celui de Godefroy, les saintes reliques des martyrs, les pieux souvenirs de la religion, rien ne fut respecté. « Et Jérusalem vit alors dans ses murs des profanations qu'elle n'avait point vues dans les jours marqués par la colère du ciel. »

VI. A la nouvelle de ces désordres, les chrétiens réunis dans Ptolémaïs se virent réduits à regretter la domination musulmane, et naturellement ils furent entraînés à s'unir pour repousser l'ennemi commun, à ces fils déshérités d'Abraham, qu autrefois ils avaient si énergiquement combattus.

Réunis sous le drapeau commun de la patrie, les syriens des deux religions offraient un aspect redoutable et avaient quelque chance de repousser ce flot indompté de barbares qui venait de fondre sur eux sans ordre et sans discipline. Les sarrazins étaient commandés par Al-Mansor, sultan d'Emesse; les chrétiens marchaient sous les ordres de Gauthier de Brienne, comte de Joppé, et neveu du feu roi.

Dans les plaines sablonneuses de Gaza, les deux armées se rencontrèrent. Les karisimiens s'avançaient en ordre de bataille, jetant des cris affreux et lançant une nuée de flèches. Les syriens leur répondirent avec énergie. Gauthier de Brienne était sous le coup d'une excommunication et sollicitait vivement son pardon de l'archevêque de Jérusalem. Les deux armées restèrent aux prises pendant deux jours. Les annales de la guerre n'offrent point d'exemple d'un combat plus long et plus meurtrier. Malheureusement, vers le soir du deuxième jour, les troupes du sultan d'Emesse, obéissant à leur inconstante nature, entraînèrent les musulmans dans leur fuite. Cette défection décida la victoire en faveur des karisimiens. Parmi ceux qui après la bataille, revinrent dans les villes chrétiennes, on ne trouva que trente-trois chevaliers du Temple et vingt-six de Saint-Jean-de-l'Hôpital (1245).

VII. La victoire des karisimiens leur livrait la Palestine. Ils ravagèrent les rives du Jourdain, les territoires d'Ascalon, de Ptolémaïs, presque sans rencontrer d'obstacles, et vinrent mettre le siége devant Joppé. Ils traînaient à leur suite Gauthier de Brienne devenu leur prisonnier. Arrivés devant la ville, ils l'attachèrent à une croix, en face des portes, en criant à haute voix qu'ils allaient le décapiter si Joppé faisait résistance. Mais Gauthier s'adressant aux chrétiens : « Votre devoir, leur dit-il, est de défendre votre ville, et le mien de mourir pour Jésus-Christ. » Joppé se défendit, et Gauthier reçut la palme du martyre (1246).

L'année suivante ne retrouve plus les karismiens en Palestine ; l'orage, parcourant sa route, alla visiter d'autres cieux. Mais le mal qu'ils avaient fait ne se répara point. Jérusalem ne fut pas rendue aux latins. Le rapprochement que le danger commun avait opéré entre eux et les turcs fut rompu. La ville sainte passa aux mains du soudan d'Egypte, et ses défenseurs se trouvèrent de nouveau avoir tous les sarrazins pour ennemis.

C'est alors qu'un grand cri de détresse appela les chrétiens à la croisade pour la huitième fois.

HUITIÈME CROISADE

Publiée par Innocent IV, prêchée par tout le clergé. (1245)

Le roi Louis IX. — Siége de Damiette. — Faker-Eddin. — Bataille de la Mansourah. — Captivité de saint Louis. — Traité de paix. — Le roi de France en Syrie. — Beybar-Bondoktari. — Nouveaux périls du royaume latin.

I. Le Saint-Siége avait été informé, dès 1244, par Valéran, évêque de Beyrouth, de l'état précaire de la colonie chrétienne de Syrie; et au concile de Lyon, malgré les préoccupations violentes qui devraient remplir son cœur, Innocent IV, alors au plus fort de sa lutte contre l'empereur Frédéric, avait publié une croisade.

A ce signal, tous les prêtres des paroisses, tous les moines des couvents montent en chaire, et dans toute l'Europe catholique annoncent la rémission des péchés et les faveurs de l'Eglise à ceux qui prendront la croix. Fille aînée de l'Eglise, la France fut la première à écouter cette voix, la première à y répondre. Nos pères avaient alors pour roi Louis IX, ce héros dont l'Eglise a fait un saint. Louis avait 32 ans. Il était au plus beau de sa puissance. La victoire de Taillebourg avait assis sa réputation militaire, et la campagne de 1242, en Guyenne et en Languedoc, en terminant cette longue lutte des rois contre les grands vassaux, commencée un siècle et demi auparavant, étendait la suzeraineté royale depuis la Meuse jusqu'aux Pyrénées. Au parlement de Paris (16 octobre 1245), tout le baronnage français se croisa pareillement. Son frère Robert, comte d'Artois, les ducs de Bourgogne et de Bretagne, la comtesse de Flandre, le comte de la Marche, les archevêques de Reims, de Tours, de Bourges et de Sens, et bien d'autres barons et prélats. L'historien Joinville était du nombre. Louis IX ne trouva pas encore leur nombre suffisant, et prit d'une singulière façon l'office de procureur de la croisade. Il était d'usage que le jour de Noël le roi et les grands donnassent des habits pour étrennes aux gentilshommes à leur service. Le roi ayant donc fait préparer une grande quantité de cottes et de chaperons, et mandé auprès de lui tous ceux qui devaient en recevoir, les leurs distribua avec des croix brodées aux côtés, leur témoignant ainsi un désir auquel ils n'osèrent se soustraire.

—

II. Le grand passage avait été fixé à la Saint-Jean d'été 1248. Au jour dit, sans écouter les larmes de sa mère, le roi se mit en route pour Aigues-Mortes où il venait de faire construire un port. La reine Marguerite l'accompagnait. Il passa par Lyon, ville neutre, où le pape résidait, suivit le Rhône, rasa en passant un château nommé la Roche-Glui, dont le seigneur avait la réputation de détrousser les voyageurs, parvint au port d'Aigues-Mortes. et s'embarqua sur trente-trois gros vaisseaux pour l'île de Chypre où était le rendez-vous général des pèlerins.

La famille de Lusignan régnait toujours à Nicosie. Henri, qui venait de recevoir du pape le titre de roi de

Jérusalem, que tant de prétendants se disputaient, insista pour garder tout l'hiver le roi de France à sa cour. Ce temps se passa en fêtes, en ambassades, en négociations, et permit aux croisés anglais et à quelques croisés allemands de venir se rallier au corps principal. Enfin, au printemps, la veille de la Pentecôte, la flotte leva l'ancre et se dirigea sur Damiette, dont le siége avait été résolu pour punir le sultan d'Egypte d'avoir attiré sur Jérusalem le glaive des karisimiens, et d'avoir retenu en son pouvoir les ruines de la ville sainte après leur départ.

—

III. L'émir des mamelouks, Faker-Eddin, les attendait en armes sur les bords du Nil, « Il portait des armes de fin or si reluisant qu'il semblait qu'il fût le soleil. Ses cavaliers prêts à combattre l'entouraient; mais les chrétiens étaient si impatients de combattre, qu'ils ne donnèrent pas aux chaloupes le temps de débarquer. Ils sautèrent tout armés dans la mer; le roi lui-même, dans l'eau jusqu'aux épaules, « s'en allait aux païens l'écu au col, le heaume en tête et le glaive au poing. » A mesure qu'ils abordaient ils se rangeaient en ligne et faisaient briller le fer de leurs lances aux yeux étonnés des sarrazins. « C'était la première fois, depuis l'origne de la chevalerie, que la noblesse française combattait à pied. Ce coup d'essai fut une victoire. Les musulmans évacuèrent la place et se retirèrent dans la ville, après avoir envoyé plusieurs colombes messagères au sultan du Caire, Malek-el-Saleh-Nedjm-Eddim, qu'une grave maladie retenait à quelque distance (4 juin 1249). »

Les croisés, restés maîtres du bord de la mer, s'y étaient installés pour la nuit, lorsqu'ils aperçurent des tourbillons de flammes qui s'élevaient au-dessus de Damiette. Le lendemain ils trouvèrent les portes ouvertes, les rues pleines de cadavres de chrétiens prisonniers, et les maisons vides. Ils apprirent alors avec surprise que les habitants, croyant le sultan mort, avaient pris la fuite « Le roi et les chevaliers furent moult ébahis, et on chanta le *Te Deum* tout au long. Après quoi le roi de France, le roi de Chypre et le patriarche de Jérusalem montant à cheval, allèrent prendre possession de cette facile conquête. »

—

VI. Ouverte sous de si brillants auspices, la campagne pouvait amener les plus heureux résultats si elle eût été poussée vigoureusement ; mais il eût fallu profiter des basses eaux du Nil et marcher rapidement sur Mansourah, ville située à dix lieues de Damiette, et sur laquelle s'était reliée l'armée musulmane. Par malheur les héros du moyen-âge ne connaissaient point le prix du temps; ils craignirent d'être surpris par les crues d'eau, comme l'avait été de Jean de Brienne ; ils campèrent cinq mois sous Damiette. Ce repos leur fut plus funeste que n'eût été le combat, L'armée y perdit le courage, la discipline et les bonnes mœurs.

—

V. Il ne fallut rien moins pour ranimer l'enthousiasme que l'arrivée du comte de Poitiers, Alphonse, frère du roi, qui amenait une armée de troupes fraiches. Quand on se décida à marcher sur Mansourah, le sultan était mort depuis quatre jours. Son épouse favorite, consultée par l'habile Faker-Eddin, fit proposer à Louis IX la paix avec la liberté de Jérusalem. Ces propositions furent rejetées. Après des difficultés sans nombre qui naissaient de l'impossibilité de se procurer des ponts pour passer les canaux du Nil, un traître découvrit enfin un gué, et cette fois les chefs mirent tant d'ardeur à atteindre leur but, que l'avant-garde arriva ventre à terre dans le camp ennemi, et y entra sans qu'on eût crié gare. L'émir fut surpris au sortir du bain, et tué avec beaucoup d'autres; mais les sarrazins, d'abord effrayés, ne tardèrent pas à revenir de leur stupeur, et tombant à leur tour sur cette troupe imprudente, ils en firent une horrible boucherie : trois cents chevaliers français, un nombre égal d'anglais, et deux cent quatre-vingts templiers jonchèrent de leurs cadavres les rues de Mansourah.

Le roi et le gros de l'armée n'avaient pu porter secours à temps ; mais dès qu'ils arrivèrent, le combat recommença En moins d'un instant ce fut une mêlée où il était impossible de se reconnaître. « Les uns tombent couverts de blessures, les autres sont foulés sous les pieds des chevaux. Le cri des français : *Montjoie, Saint-Denis!* celui des musulmans : *Islam, Islam!* retentissent ensemble ; on n'entend de toutes parts que les cris des mourants, le choc des épées, le bruit des tambours. Depuis le canal jusqu'à Mansourah la campagne n'offre qu'un vaste champ de carnage où chacun combat pour sa vie (1). Le roi avait fait des merveilles de sa personne. Enfin. sur le soir, les engins des infidèles tombèrent entre les mains les croisés, et une sorte de victoire leur resta.

On se ne se reposa qu'un jour. Dès que les musulmans se furent aperçus que le cadavre d'un prince magnifiquement vêtu, qu'ils avaient massacré, était celui du comte d'Artois et non celui du sultan des chrétiens, ils recommencèrent l'attaque. Bibars-el-Bondokdari, successeur de Faker-Eddin, les conduisait. Comme l'avant-veille on se battit jusqu'au soir, corps à corps, homme à homme, Louis IX reçut des horions terribles, et son cheval eut la crinière brûlée par le feu grégeois pendant

(1) Michaud. *Hist., des Croisades*.

qu'il cherchait à dégager son frère Charles; la victoire resta aux français, mais telle, qu'une troisième pareille achevait de détruire l'armée (1250).

Cette double victoire dans une plaine insalubre, dont, par un motif inexplicable, on négligea de s'enfuir au plus vite pour rentrer dans Damiette, devint bientôt, par suite des blessures dont souffraient la plupart des croisés, de la peste, de la famine, le plus actif auxiliaire des musulmans. Ce fut en vain que Louis IX, vivement affligé du sort de ses compagnons, faisait tous ses efforts pour y mettre un terme. La mort chaque jour éclaircissait les rangs avec une effrayante rapidité. Joinville raconte qu'un jour, pendant que, malade lui-même, il entendait la messe de son lit, il fut obligé de se lever pour soutenir son aumônier que la maladie venait de saisir subitement. Ainsi soutenu, il acheva son sacrement, mais oncques plus n'officia.

Dans une situation si déplorable, le roi de France se décida à entamer des négociations avec l'ennemi. Il essaya de traiter avec le sultan Malek-al-Mohaddam, qui était accouru pour s'asseoir sur le trône de son père Nedj-Eddin. Ses députés lui proposèrent d'échanger Damiette pour Jérusalem, avec un des princes du sang pour ôtage, s'il voulait laisser l'armée opérer tranquillement sa retraite. Le sultan ne voulut accepter d'autre ôtage que le roi lui-même. — Mieux vaut que les turcs nous tuent tous que de mériter le reproche d'avoir baillé notre roi en gage. » s'écria l'un des députés, le sire Geoffroy de Sargines; et les négociations furent rompues.

—

VI. On se décida alors à cette retraite sur Damiette par laquelle il aurait fallu commencer dès le lendemain de la victoire. Le roi fit embarquer sur le Nil les femmes, enfants et les malades. Quoique souffrant lui-même, ne voulut jamais quitter son armée. Dans cette suprême désolation, sa grande âme soutenait le courage de ses compagnons. Quant aux sarrazins, on eût pu croire que cette retraite avait augmenté leur haine contre les croisés Ils ne cessaient de harceler les troupes chrétiennes déjà exténuées ; on ne voyait au loin, sur le rivage du fleuve, que navires échoués et vides, que chrétiens tués et jetés à l'eau. Le roi se tenait à l'arrière-garde avec les troupes du sire Gaucher de Châtillon, et toutes les fois que les sarrazins l'approchaient, le brave Sargines le défendait à grands coups d'estoc et de taille. On marcha ainsi toute une nuit.

Vers le matin, le roi se trouva si malade qu'il lui devint impossible de marcher plus longtemps. Une brave femme le coucha comme un enfant sur ses genoux, et le sire de Montfort, pour faire cesser les attaques continuelles des sarrazins qui chargeaient sans merci, se rendit près du chef ennemi pour traiter. L'émir, plein d'admiration pour de si illustres victimes, avait déjà accepté la proposition d'une trêve, lorsqu'un misérable huissier du roi cria malencontreusement aux chevaliers francais : Rendez-vous tous; le roi vous le mande par moi : ne le faites pas tuer. » A ces mots, croyant que la personne royale court les plus grands dangers, les chefs, les officiers et les soldats, tout le monde met bas les armes. L'émir rompit aussitôt les négociations en disant : « On ne traite point avec des vaincus. » Il fallut donc que le roi se remît à la merci des païens. » Les chevaliers furent seuls épargnés par les vainqueurs. Les malheureux hommes d'armes n'eurent que le choix entre la mort et « l'entrée en mahommerie » (6 avril 1250). Tous les captifs furent ramenés à Mansourah.

La nouvelle de cette victoire des musulmans se répandit bientôt dans toute l'Egypte; elle porta la consternation et le désespoir dans Damiette. On ne put empêcher qu'elle ne parvînt jusqu'à la reine Marguerite qui était enceinte, et gardait dans cette ville le trésor royal « Trois jours avant qu'elle accouchât, dit Joinville, lui vinrent les nouvelles que le bon roi son époux était pris, de quoi elle fut si troublée, que, dans son sommeil, il lui semblait que toute la ville fût pleine de sarrazins pour l'occire, et toujours s'écriait : A l'aide, à l'aide ! Elle faisait veiller toute la nuit au pied de son lit un chevalier vieil et ancien, de l'âge de quatre-vingts ans et plus. Avant que d'accoucher elle fit vider sa chambre des personnes qui y étaient, fors du vieux chevalier, et se jeta à genoux devant lui, et lui requit un don. Et le chevalier le lui octroya d'avance par serment. Et la reine lui dit : Sire chevalier, je vous requiers, sur la foi que vous m'avez donnée, que si les sarrazins prennent cette ville, vous me coupiez la tête avant qu'ils me puissent prendre. Et le chevalier lui répondit que très volontiers il le ferait, et qu'il avait eu déjà la pensée d'ainsi faire, si le cas y échéait. Il ne tarda guère que la reine accouchât d'un fils qui eut nom Jean, et fut surnommé Tristan pour ce qu'il était né en tristesse et douleur. »

Le sultan n'eut pas plutôt en son pouvoir le roi de France et la fleur de sa chevalerie, qu'il songea à tirer d'eux une rançon proportionnée à leur rang. « Il commença par demander que ses prisonniers lui livrassent pour se racheter quelques-uns des châteaux et des villes encore occupés par les chrétiens dans la Terre-Sainte. Les princes croisés répliquèrent que ces villes appartenant, les unes à l'empereur Frédéric comme roi de Jérusalem, les autres aux ordres du Temple et de l'Hôpital, ils n'avaient pas droit d'en disposer. Le sultan et les émirs se montrèrent d'abord très irrités de cette réponse, et menacèrent même de mettre le roi aux fers. Le roi répondit qu'il était leur prisonnier, et qu'ils pouvaient faire de lui à leur vouloir. Sa fermeté leur imposa, et Malek-al-Mohaddam se rebattit sur la restitution de Damiette et le paiement d'un million de besants d'or (250,000 marcs d'argent). Louis ne se récria point sur l'énormité de la somme, et dit qu'il rendrait Damiette pour la rançon de son corps, et paierait les besants pour celle de ses gens, parce qu'un roi de France ne se rachetait point à prix de deniers. — Par la loi du Prophète, s'écria le sultan, franc et libéral est le Franc qui ne barguigue pas sur une si grande somme! qu'on lui aille dire que je lui remets deux cent mille besants sur sa rançon, et qu'il n'en paiera que huit cent mille (1). »

Telles furent les conditions qui devaient mettre en liberté près de cent mille chevaliers entassés dans les prisons de Mansourah et du Caire; mais les révolutions si fréquentes parmi les sarrazins de donnèrent pas au traité le temps de s'accomplir. Pendant qu'on embarquait les croisés sur quatre galères pour les conduire jusqu'à l'embouchure du Nil, le sultan fut tout-à coup massacré dans son palais par les mamelouks dont il projetait, dit-on, la suppression. On assure que l'un des conjurés, ayant fendu la poitrine de son maître et arraché le cœur, le porta à Louis IX en disant : que me donneras-tu pour ce que je t'apporte? c'est le cœur de ton ennemi, qui, s'il eût vécu, t'eût fait mourir toi et ta gent. A quoi le bon roi ne répondit rien. — Al-Mohaddam était le dernier héritier de la famille de Saladin.

Joinville raconte que, pleins d'admiration pour leur illustre captif, les émirs songèrent un instant à donner la couronne inocupée à Louis IX, dont ils admiraient le courage et la modération. Il paraît même que saint Louis était disposé à l'accepter; mais la crainte qu'il ne les

(1) H. Martin. *Hist. de France.*

forçât tous à se faire chrétiens les retint. Ils mirent à leur tête la sultane Chegger-Eddour, ce qui était un exemple inouï dans l'histoire de l'islamisme, et ratifièrent les conditions du traité qui avait été conclu avec les croisés. Damiette fut donc évacuée, et la reine, avec tous les francs renfermés dans la ville, s'embarquèrent sur des vaisseaux génois, dont les uns prirent la route d'Europe, et les autres, avec saint Louis en tête, celle de Saint-Jean-d'Acre (8 mai 1250).

« Ainsi se termina cette expédition qui avait moissonné la fleur de la chevalerie française, et dévoré des sommes immenses levées sur le clergé et sur le peuple. »

—

VII. La présence du roi de France en Syrie ranima un peu les chrétiens de cette contrée malheureuse, et la mort de l'empereur Frédéric ayant mis à la disposition de la Terre-Sainte cent milles onces d'or qu'il laissait par testament au royaume de Jérusalem, on put racheter ce qui restait de captifs en Egypte et relever les murs de quelques villes, comme Ptolémaïs, Caïpha, Joppé, Césarée. L'illustre pèlerin visita le Thabor, Cana, Nazareth, mais il ne vit point Jérusalem ; il imposa ce dernier sacrifice à sa piété, jugeant qu'un roi chrétien ne devait entrer dans la ville sainte qu'après l'avoir délivrée. Hors d'état de résister aux forces des princes voisins avec les sept cents chevaliers qui lui restaient de sa brillante armée, saint Louis leur imposa longtemps par son attitude énergique ; mais il ne pouvait plus songer à la délivrance du saint tombeau, et la France avait besoin de son retour. Après un séjour de trois ans, la mort de sa mère le détermina à quitter la Palestine (1254). Il s'embarqua à Ptolémaïs, avec la reine et trois enfants qu'il avait eus en Syrie, et revint dans son royaume par Chypre, la Sicile et les îles d'Hyères.

VIII. Le vrai nom de roi de Jérusalem avait été laissé par l'empereur Frédéric à son fils Conrad, qui ne mit jamais les pieds en Syrie ; et d'autre part il ne cessait d'être disputé par les souverains d'Antioche et de Chypre. Le royaume latin, soutenu seulement par les deux ordres de l'Hôpital et du Temple, n'avait d'espoir de vie que dans les révolutions qui s'accomplissaient sans cesse, au caprice des mamelouks, sur le trône des sultans d'Egypte et de Syrie. Nous avons vu qu'après le massacre d'Al-Mohaddam une sorte d'enthousiasme avait porté au pouvoir une femme habile, Chegger-Eddour. Après trois ans de règne, le caprice qui lui avait donné le trône le lui enleva. Elle fut assassinée par des esclaves, et son corps jeté tout nu dans les fossés du château. Un émir, nommé Cottouz, fut élevé à sa place (1256). Quatre ans après, un autre ambitieux, Beybar-Bondaktari, en feignant de prendre la main du sultan pour la baiser, lui plongea un couteau dans le cœur et se fit proclamer à sa place.

La paix relative dont les Saints-Lieux avaient joui depuis le départ de saint Louis fut détruite par cette élection. Beybar, qui ambitionnait le titre de *Colonne de la religion musulmane*, entra en Syrie avec une armée qu'il compare lui-même à la multitude des animaux qui peuplent la terre. Il ravagea la principauté d'Antioche, livra aux flammes l'église de Nazareth, se jeta sur Césarée, massacra les habitants d'Arsur, pilla les terres de Tyr, de Tripoli, de Ptolémaïs, réduisit Sephed, qui appartenait aux Templiers, se rendit maître de Jaffa, et ne quitta la contrée que pour aller lever sur toutes ses terres la dîme de la guerre sainte, et annonçant son prochain retour.

Les grands-maîtres de l'Hôpital et du Temple, et l'archevêque de Tyr, s'empressèrent de venir faire aux chrétiens d'Occident la peinture de leurs périls et implorer une dernière fois la valeur de leurs armes (1258).

NEUVIEME CROISADE

Publiée par Clément IV, prêchée par tout le clergé (1269).

Louis IX. — La croisade se dirige sur Tunis. -- Muley-Monstança — Ruines de Carthage. — Mort du roi de France. — Traité de Philippe III avec le bey de Tunis. — Derniers efforts des chrétiens de Syrie. — Prise de Ptolémaïs par les turcs et fin des croisades

I. Clément IV, à la nouvelle des périls imminents de la Terre-Sainte, s'empressa de donner un roi à Jérusalem. Il posa cette couronne sur la tête de Charles d'Anjou, frère de Louis IX, qui, déjà fait par lui roi des Deux-Siciles, réunissait sur sa tête des droits du roi de Chypre et ceux de la princesse Marie, fille du prince d'Antioche. Il publia ensuite des lettres touchantes adressées à tous les princes de la chrétienté. Les rois de Castille, d'Aragon et de Portugal, la Pologne, la Bohême, l'Allemagne, l'Angleterre, reçurent ces lettres, mais personne ne répondit. Tout se réduisait à de vaines prédications.

Un seul prince répondit à l'appel du Saint-Siége, et ce fut le roi de France. « Il ne pouvait, dit M. Michelet; rester assis dans son palais de Vincennes pendant que le mamelouk égorgeait les chrétiens ou tuait leurs âmes en leur arrachant leur foi. » Quoiqu'il ne fût plus jeune, que sa santé affaiblie ne lui permît ni de rester longtemps à cheval, ni de soutenir le poids d'une armure, son âme n'avait rien perdu de sa vigueur ; et l'espoir de venger l'honneur des armes chrétiennes en Egypte lui fit surmonter tous les obstacles.

Il convoqua toute sa noblesse à Paris pour le parlement du 25 mai 1267; et dans la grande salle de la tour du Louvre, après avoir entendu un sermon du légat du pape sur « le dommage que les sarrazins faisaient en dépit de Notre-Seigneur, » il prit la croix dévotement avec trois de ses fils, Philippe, Jean et Pierre. Malgré la répugnance profonde qu'ils avaient pour cette entreprise, les grands ne purent s'empêcher d'imiter la conduite du roi. L'histoire cite Jean, comte de Bretagne, Alphonse de Brienne, Thibaut de Navarre, le comte d'Artois, le duc de Bourgogne, le comte de Flandre, celui de Saint-Pol, celui de la Marche, et les seigneurs de Montmorency, de Pienne, de Nemours. Les femmes même prirent la croix : les comtesses de Bretagne, de Bourgogne, de Poitiers, et nombre d'autres voulurent suivre leurs maris outre mer. Cependant la reine Marguerite, qui n'avait pas oublié ce qu'elle avait souffert à Damiette, n'eut point le courage d'aller chercher de nouveaux périls en Orient.

Les préparatifs de l'expédition demandèrent près de trois ans, et pour y subvenir le roi dut avoir recours à l'impôt qu'on appelait la capitation, et que, suivant les coutumes féodales, chaque suzerain avait droit d'exiger de ses vassaux dans les circonstances solennelles. Voulant aussi, avant de partir, assurer la tranquillité dans son royaume, il rendit plusieurs ordonnances empreintes de sagesse, et mit la dernière main à ce monument de législation qui nous est parvenu sous le titre d'*Eta-*

blissement de saint Louis. La dernière croisade avait achevé de ruiner les familles de petite noblesse. Pour leur venir en aide, il leur accorda une solde proportionnée à leur rang et à leurs besoins. Enfin tout étan prêt, il fit son testament, laissant à Agnès, la plus jeune de ses filles, dix mille francs pour se marier, et quatre mille francs à la reine Marguerite ; nomma ensuite deux régents du royaume, Mathieu, abbé de Saint-Denis, et Simon, sire de Nesle, et alla prendre l'oriflamme (14 mars 1270).

« Cette bannière que l'on commence à voir paraître dans nos armées sous le règne de Louis-le-Gros, était un étendard de soie attaché au bout d'une lance. *Il était d'un vermeil samit, à guise de gonfanon à trois queues, et avait autour des houppes de soie verte.* On le déposait en temps de paix sur l'autel de Saint-Denis, parmi les tombeaux des rois, comme pour avertir que de race en race les français étaient fidèles à Dieu, au prince et à l'honneur. Saint Louis prit cette bannière des mains de l'abbé, selon l'usage. Il reçut en même temps l'escarcelle et le bourdon du pèlerin, que l'on appelait alors la consolation et la marque du voyage, coutume si ancienne dans la monarchie, que Charlemagne fut enterré avec l'escarcelle d'or qu'il avait habitude de porter lorsqu'il allait en Italie. » Le lendemain il alla pieds nus en procession à Notre-Dame de Paris, fit, ses adieux dans Vincennes à la reine Marguerite, et quittant pour jamais ces vieux chênes, vénérables témoins de sa justice et de sa vertu, il se dirigea lentement vers Aigues-Mortes, rendez-vous général des croisés.

Les navires génois qui devaient transporter l'expédition le firent longtemps attendre, et elle ne put mettre à la voile que le 1er juillet 1270. Sur trois avis qui avaient été ouverts dans le conseil du roi, d'aborder à Saint-Jean-d'Acre, d'attaquer l'Egypte, ou de faire une descente sur Tunis, ce fut malheureusement le dernier qui prévalut.

Le mobile de la résolution du roi était une raison toute chrétienne. On lui avait dit que le bey de Tunis, Muley-Mostança, avait quelques velléités de se faire chrétien. Saint Louis se persuada que la présence d'une armée française serait pour lui une occasion de déclarer ses desseins, et qu'alors une grande partie de l'Afrique se ferait chrétienne à l'exemple de son prince. Charles d'Anjou, qui voulait réduire le roi de Tunis à un vasselage plus effectif vis-à-vis de la Sicile, n'avait rien négligé pour flatter les pieuses espérances de son frère. Quant aux barons, fatigués du séjour d'Aigues-Mortes, la pensée qu'en trois jours ils pouvaient gagner l'Afrique où Tunis leur offrirait un riche pillage, suffisait pour faire pencher leur opinien.

—

II. Le 17 juillet, la flotte arriva au port de Carthage. Cette ville, qui avait autrefois été la plus belle du monde, couvrait encore un espace immense de ses débris, et entre les caroubires, les achantes et les oliviers sauvages, des restes d'édifices émerveillaient les yeux. Les croisés furent frappés de la beauté du pays. Ils s'empressèrent de débarquer, et campèrent sur une pointe de sable, attendant sans doute quelque message amical du bey.

L'espoir du roi fut trompé. Les maures ne parurent que pour escarmoucher contre l'armée française. Les croisés alors franchirent larcenal qui les séparait de Carthage, repoussèrent les escadrons musulmans, et emportèrent d'assaut la petite forteresse qui s'élevait parmi les débris de cette vaste cité. Les princesses qui accompagnaient leurs maris débarquèrent au port, et, « par une de ces révolutions que les siècles amènent, les grandes dames de France s'établirent dans les ruines du palais de Didon. »

Mais la prospérité, dit Châteaubriand, semblait abandonner saint Louis dès qu'il avait passé les mers, comme s'il eût toujours été destiné à donner aux infidèles l'exemple de l'héroïsme dans le malheur. Il n'osa se hasarder à marcher sur Tunis sans avoir reçu les renforts que devait lui envoyer son frère le roi de Sicile. Pour l'attendre il resta dans Charthage un mois entier. Pendant ce temps, les croisés bivouaqués dans une plaine ardente, exposés aux vents étouffants, aux tourbillons de sable, à l'inaction, à l'ennui, furent pris de maladies communes aux étrangers qui abordent dans ces climats, la fièvre et la dyssenterie. Des combats continuels achevaient d'épuiser leurs forces, Le mal fit des progrès tels, que les vivants ne suffisaient plus à enterrer les morts. On combla de cadavres les fossés du camp. Ces cadavres engendrèrent la peste

« Déjà les comtes de Nemours, de Montmorency et de Vendôme n'étaient plus ; le roi avait vu mourir dans ses bras le plus jeune de ses fils, le comte de Nevers. Il se sentit lui-même frappé. Il s'aperçut dès le premier moment que le coup était mortel, que ce coup abatrait facilement un corps usé par les fatigues de la guerre, par les soucis du trône, et par ces veilles religieuses et royales que Louis consacrait à son Dieu et à son peuple. Il tâcha néanmoins de dissimuler son mal. On le voyait, la mort sur le front, visiter les hôpitaux comme un de ces pères de la Merci consacrés dans les mêmes lieu à la rédemption des captifs et au salut des pestiférés. Des œuvres du saint il passait aux devoirs du roi, veillait à la sûreté du camp, montrait à l'ennemi un visage intrépide, ou, assis devant sa tente, rendait la justice à ses sujets comme sous le chêne de Vincennes.

« Philippe, fils aîné et successeur de Louis, ne quittait point son père qu'il voyait près de descendre au tombeau. Le roi fut enfin obligé de garder sa tente ; alors, ne pouvant plus être lui-même utile à ses peuples, tâcha de leur assurer le bonheur dans l'avenir en adressant à Philippe cette institution qu'aucun français ne lira jamais sans verser des larmes :

« Beau fils, la première chose que je t'enseigne et commande à garder, est que de tout ton cœur tu aimes Dieu ; car sans cela nul homme ne peut être sauvé. Et garde bien de faire chose qui lui déplaise, car tu devrais plutôt désirer à souffrir toutes manières de tourments que de pécher mortellement.

» Si Dieu t'envoie adversité, reçois-la bénignement, et lui en rends grâces, et pense que le tout te tourner à ton preu. S'il te donne prospérité, si l'on remercie très humblement, et garde que pour ce tu n'en sois par orgueil ou autrement, car on ne doit pas guerroyer Dieu de ses dons.

» Prends-toi bien garde que tu aies en ta compagnie prudes gens et loyaux, qui ne soient point pleins de convoitises, soit gens d'église, de religion, séculiers au autres. Fuis la compagnie des mauvais et t'efforces d'écouter les paroles de Dieu, et les retiens en ton cœur.

» Aussi fais droiture et justice à chacun, tant aux pauvres comme aux riches. Et à tes serviteurs sois loyal, libéral et roide de paroles à ce qu'ils te craignent et aiment comme leur maître. Et si aucune controverse ou action se meut, enquiers-toi jusqu'à la vérité, soit tant pour toi que contre toi. Si tu es averti d'avoir aucune chose d'autrui qui soit certain, soit par toi ou par tes prédécesseurs, fais-la rendre incontinent.

» Regarde en toute diligence comment les gens et sujets vivent en paix et en droiture dessous toi par les bonnes villes et cités et ailleurs ; maintiens tes franchises et libertés que tes anciens ont gardées et maintenues, et les tiens en faveur et amour.

» Garde-toi d'émouvoir contre hommes chrétiens sans grand conseil, et qu'autrement tu n'y puisses obvier. S'il y a guerre et débats entre tes sujets, apaise-les au plus tôt que tu pourras.

» Prends garde souvent à tes baillis, prévôts et autres officiers, et t'enquiers de leur gouvernement, afin que s'il y a chose à reprendre en eux tu le fasses.

» Et te supplie, mon enfant, que en ma fin tu aies de moi souvenance, et de ma pauvre âme, et me secourres par messes, oraisons, prières, aumônes et bienfaits par tout ton royaume, et m'octroie partage et portions en tous les bienfaits que tu feras.

» Et je te donne toute bénédiction que jamais pere peut donner à enfant, priant la Trinité du paradis, le Père, le Fils et le Saint-Esprit, qu'ils te gardent et défendent de tous maux, afin que nous puissions, après cette mortelle vie, être devant Dieu ensemble et lui rendre grâce et louange sans fin. »

—

III. « Tout homme près de mourir, détrompé sur les choses du monde, peut adresser de sages instructions à ses enfants ; mais quand ces instructions sont appuyées de l'exemple de toute une vie d'innocence ; quand elles sortent de la bouche d'un grand prince, d'un guerrier intrépide et du cœur le plus simple qui fut jamais ; quand elles sont les dernières expressions d'une âme divine qui rentre aux éternelles demeures, alors, heureux le peuple qui peut se glorifier en disant : L'homme qui a écrit ces instructions était le roi de mes pères !

» La maladie faisant des progrès Louis demanda

l'extrême-onction. Il répondit aux prières des agonisants avec le même calme que s'il eût donné des ordres sur un champ de bataille. Il se mit à genoux au pied de son lit pour recevoir le saint viatique, et on fut obligé de soutenir par les bras ce nouveau saint Jérôme dans cette dernière communion. Depuis ce moment il mit fin aux pensées de la terre et se crut acquitté envers ses peuples. Sa charité s'étendit alors sur tous les hommes. Il pria pour les infidèles qui firent à la fois la gloire et le malheur de sa vie; il invoqua les saints patrons de la France, de cette France si chère à son âme royale. Le lundi matin, 25 août, sentant que son heure approchait, il se fit coucher sur un lit de cendres où il demeura étendu, les bras croisés sur la poitrine et les yeux levés vers le ciel.

» On n'a vu qu'une fois, et l'on ne reverra jamais u pareil spectacle. Au milieu des débris de Carthage, le camp des chrétiens offrait l'image de la plus affreuse douleur ; aucun bruit ne s'y faisait entendre; les soldats moribonds sortaient des hôpitaux et se traînaient à travers les ruines pour s'approcher de leur roi expirant. Louis était entouré de sa famille en larmes, des princes consternés, des princesses défaillantes. Les députés de l'empereur de Constantinople se trouvèrent présents à cette scène; ils purent raconter à la Grèce, la merveille d'un trépas que Socrate aurait admiré. Du lit de cendres où saint Louis rendait le dernier soupir, on découvrait le rivage d'Utique : chacun pouvait faire la comparaison de la mort du philosophe stoïcien et du philosophe chrétien. Plus heureux que Caton, saint Louis ne fut point obligé de lire un traité de l'immortalité de l'âme pour se convaincre de l'existence d'une vie future; il en trouvait la preuve invincible dans sa religion, ses vertus et ses malheurs. Enfin, vers les trois heures de l'après-midi, le roi jetant un grand soupir, prononça distinctement ces paroles : « Seigneur, j'entrerai dans votre saint temple. » Et son âme s'envola dans le saint temple qu'il était digne d'habiter.

—

IV. « A peine est-il mort, qu'on entend retentir la trompette des croisés de Sicile. Leur flotte arrive pleine de joie et chargée d'inutiles secours. On ne répond point à leur signal. Charles d'Anjou s'étonne et commence à craindre quelque malheur. Il aborde au rivage, il voit des sentinelles, la pique renversée, exprimant encore moins leur douleur par ce deuil militaire que par l'abattement de leur visage. Il vole à la tente du roi son frère, il le trouve étendu mort sur la cendre. Il se jette sur les reliques sacrées, les arrose de ses larmes, baise avec respect les pieds du saint, et donne des marques de tendresse et de regret qu'on n'aurait point attendues d'une âme si hautaine. Le visage de Louis avait encore toutes les couleurs de la vie, et les lèvres même étaient vermeille

» Charles obtint les entrailles de son frère, qu'il fit déposer à Montréal, près de Salerne. Le cœur et les ossements du prince furent destinées à l'abbaye de Saint-Denis ; mais les soldats ne voulurent point laisser partir avant eux ces restes chéris, disant que les cendres de leur souverain étaient le salut de l'armée. Il plut à Dieu d'attacher au tombeau du grand homme une vertu qui se manifesta par des miracles. La France, qui ne se pouvait consoler d'avoir perdu sur la terre un tel monarque, le déclara son protecteur dans le ciel. Louis, placé au rang des saints, devint aussi, pour la patrie, une espèce de roi éternel. On s'empressa de lui élever des églises et des chapelles plus magnifiques que les simples palais où il avait passé sa vie. Les vieux chevaliers qui l'avaient accompagné à sa première croisade furent les premiers à reconnaître la nouvelle puissance de leur chef. « Et j'ai fait faire, dit le sire de Joinville, un autel en l'honneur de Dieu et de monseigneur saint Loys (1). »

—

V. L'héritier de Louis IX, Philippe III, jeune nomme de vingt-cinq ans, reçut sur la terre étrangère l'hommage des grands vassaux et expédia en France des lettres qui confirmaient les pouvoirs des régents du royaume.

Avec les secours qu'avait amenés le roi de Sicile, il eût pu facilement triompher de toutes les forces tunisiennes s'il eût poursuivi la pensée de son père; mais le pillage de Tunis ne le tenta point. Il suffisait d'ailleurs, pour accomplir les desseins du duc d'Anjou, d'imposer au bey un traité qui fût avantageux à la Sicile : il y réussit. Deux batailles sanglantes gagnées sur les maures, et la prise de leur camp et de leurs bagages, déterminèrent Muley-Mostança à accepter ces conditions. Il fut donc stipulé que le bey de Tunis remettrait en liberté tous les chrétiens de ses états, qu'il permettrait le libre exercice du culte et la prédication de la foi chrétienne dans son royaume, qu'il ouvrirait le port de Tunis aux commerçants de tous les pays chétiens, et paierait au roi de Sicile un tribut annuel, et aux français les frais de la guerre, évalués à deux cent dix mille onces d'or (10,500 000 fr.) (oct. 1270.)

L'armée se rembarqua et fit voile pour la Sicile. Elle

(1) Châteaubriand. *Itinéraire de Paris à Jérusalem.*

devait se séparer en trois divisions, dont la première retournerait en France avec le jeune roi Philippe, la seconde irait en Terre-Sainte, sous le commandement du comte de Poitiers, et la troisième irait attaquer Constantinople avec le roi de Sicile, car l'ambitieux Charles convoitait l'héritage des empereurs latins d'Orient.

Mais une tempête qui surprit la flotte au sortir de Tunis engloutit vaisseaux et croisés, et découragea complètement ceux qui survécurent. « Ils se séparèrent pour retourner dans leurs domaines, en se promettant de se réunir de nouveau dans trois ans, pour aviser à la délivrance de la Terre-Sainte ; mais les bannières unies des rois d'Occident ne devaient plus reparaître sur les plages de la Palestine ; l'ère des croisades était finie (1). »

—

VI. Le jeune Edouard d'Angleterre, prince de Galles, qui était venu rejoindre la croisade au dernier moment, fut le seul qui poussa jusqu'en Terre-Sainte. Il conduisit treize navires à Saint-Jean-d'Acre. De cette immense armée que le drapeau chrétien avait vue réunie sur les ruines de Carthage, mille combattants au plus arrivaient jusqu'en Asie. Un aussi faible renfort n'était point fait pour rendre l'espérance aux opprimés de la Palestine. On dit même qu'ils frémirent en voyant les hospitaliers et les templiers s'unir au prince de Carnouailles pour inquiéter les musulmans. C'était en effet appeler l'orage et rompre sans profit la trêve qui continuait moralement, quoique son terme fut expiré.

Le farouche Beybars ne pouvait manquer de répondre à l'attaque. Il le fit avec une sombre énergie. Débarrassé

(1) Martin. *Histoire de France.*

du prince de Cornouailles par le poignard d'un assassin (1), il s'empressa d'armer une flotte contre le roi de Chypre qui lui semblait être le seul soutien encore redoutable des possessions latines. Cette flotte fut dispersée par la tempête, mais il ne se découragea pas, et il allait commencer le siége de Ptolémaïs avec des forces formidables lorsque la mort le surprit.

Kelaoun, qui lui sucééda, poursuivit ses desseins. Guidé par une politique habile, il commença par jeter la discorde entre les trois prétendants au trône de Jérusalem. Il vint ensuite assiéger Tripoli, dont il se rendit maître après trente-cinq jours de siége, et ayant pareillement réduit toutes les petites forteresses voisines de Ptolémaïs, il fit approcher cette troupe de la ville. Ptolémaïs, fortifiée avec le plus grand soin par saint Louis, était devenue le dernier rempart et le siége du royaume latin de Syrie. Ce siége demandait de grands préparatifs. Comme son prédécesseur, Kelaoun fut emporté avant d'avoir pu le poursuivre; mais il ne se laissa mourir qu'après avoir fait jurer à son fils Khalil de mettre son projet à exécution.

(1) L'Assassin du prince Edouard était membre d'une association célèbre et très redoutée du temps des croisades, sous le nom de *Disciples du Vieux de la Montagne*, qui se mettaient au service de toutes les haines et se précipitaient tête baissée dans tous les périls pour obéir à leur chef. Celui-ci choisit le moment où le prince était seul dans son lit pour se précipiter sur lui. Mais comme Edouard était doué d'une force extraordinaire, il renverse le meurtrier d'un coup de pied, lui arrache le poignard et le lui plonge dans le sein. D'abord blessé au bras, le prince s'était fait, en se défendant, une seconde blessure au front. Comme le poignard était empoisonné, et que la blessure était mortelle, quelques historiens rapportent que la princesse Eléonore, son épouse, eut le courage de sucer les plaies pour en extraire le poison. D'autres racontent que le grand-maître du Temple lui envoya un remède certain qu'il possédait. Quoi qu'il en soit, après avoir couru un si grand danger, Edouard s'empressa de regagner ses états.

Khalil ne se montra que trop fidèle aux instructions qu'il avait reçues. A peine eut-il pris possession du trône, qu'une armée de deux cent mille hommes vint investir la ville, traînant après elle plus de trois cents machines de guerre qui furent immédiatement dressées contre les remparts (1291).

VII. Le siége et la défense de Ptolémaïs mériteraient un long récit. Chacun des deux peuples était persuadé que le sort de cette ville déciderait celui de la guerre. L'armée musulmane ne laissait pas un instant de trève aux chrétiens. Une nuée de traits, de javelots, de pots à feu, de balles de plomb, tombait jour et nuit sur les remparts et sur les tours. Les chrétiens répondaient par des sorties fréquentes et par tous les engins de guerre alors employés pour se défendre ; mais bientôt la discorde et la désertion vinrent se mettre au milieu d'eux; et dans une ville qui comptait cent mille habitants, on ne trouva plus que douze mille hommes sous les armes.

Cependant les deux ordres religieux de l'Hôpital et du Temple, ayant à leur tête les grands-maîtres Guillaume de Clermont et Guillaume de Beaujeu, donnaient un exemple si héroïque de courage et de dévouement, qu'il était impossible de ne pas les suivre.

On se défendait déjà depuis un mois, et Ptolémaïs ne comptait plus que sept mille défenseurs, lorsque, le 4 mai, le sultan donna le signal d'un assaut général. On avait réuni autour des remparts trois cents chameaux, et sur chacune de ces bêtes on avait placé un tambour qui faisait un vacarme horrible. Après des efforts soutenus, un pan de muraille s'écroula. Les musulmans fanatiques comblèrent le fossé de leurs corps vivants pour permettre à la cavalerie d'entrer par la brèche. On entendit un grand cri dans la ville; mais, vers le soir, la trompette des musulmans fut obligée de sonner la retraite; les moines chevaliers les forçaient à fuir « comme brebis devant le loup. » Le lendemain, même assaut, même entrée des musulmans dans la ville par de nouvelles brèches, même défense des assiégés, mêmes exploits des templiers et des hospitaliers, même retraite des infidèles. Mais le troisième jour, lorsque Khalil revint à l'assaut avec une division de troupes fraîches, il ne se trouva plus pour lui résister que des blessés presque hors d'état de se servir de leurs armes. En vain essayèrent-ils, par des prodiges de valeur, de renouveler les miracles des journées précédentes, cette fois le flot qui entrait dans la ville par toutes ses brèches ne put être repoussé. Le grand-maître du Temple fut atteint d'une flèche et tomba au milieu de ses chevaliers. Celui de l'Hôpital reçut en même temps une blessure qui le mit hors de combat. Les chrétiens furent obligés de céder à la multitude de leurs ennemis, et comme si le ciel eût voulu marquer par des signes sinistres cette journée d'horreur et de massacre, ce fut à la lueur des éclairs et au bruit du tonnerre et de la grêle que le sabre et l'incendie marquèrent la dernière heure de Ptolémaïs (mai 1291).

Après la prise de cette place. Tyr, Beyrouth, Sidon, toutes les autres villes ouvrirent leurs portes aux musulmans victorieux.

—

VIII. Quand tout espoir fut évanoui, ce qui restait de chevaliers à la croix blanche et de chevaliers à la croix rouge, sept templiers, je crois, et une vingtaine d'hospitaliers, sautèrent dans une barque et firent voile pour l'île de Chypre. C'était l'âme elle-même du royaume latin qui quittait les rivages maudits de la Syrie.

Ainsi furent effacées les dernières traces de l'occupapation chrétienne en Palestine. Elle avait duré 196 ans. Le chroniqueur musulman de ces longues guerres termine son récit par cette réflexion : « Les choses, s'il plaît à Dieu, resteront ainsi jusqu'au dernier jugement. » Le vœu de l'historien arabe n'a été jusqu'ici que trop exaucé.

FIN.

Limoges — Typ. F. F. Ardant frères.

www.ingramcontent.com/pod-product-compliance
Ingram Content Group UK Ltd.
Pitfield, Milton Keynes, MK11 3LW, UK
UKHW020913180726
13838UKWH00002B/521